भारतीय लोक और स्त्री मन

# राजस्थानी के लोकगीत

## भारतीय लोक और स्त्री मन

# राजस्थानी के लोकगीत


*संचयन, संकलन एवं विश्लेषण*

**डॉ. मंजु तँवर**



**स्वराज प्रकाशन**

नयी दिल्ली-110002

**प्रधान कार्यालय**

**स्वराज प्रकाशन**

4648/1, 21, अंसारी रोड, दरियागंज, नई दिल्ली-110002

दूरभाष : 011-23289915

E-mail : swaraj_prakashan@yahoo.co.in

**शाखा**

288, ई.डब्लू.एस., शास्त्रीपुरम

आगरा-282007 (उ.प्र.)



मूल्य : ₹ 495

प्रथम संस्करण : 2017

ISBN : 978-93-83513-79-6

अजय मिश्रा द्वारा **स्वराज प्रकाशन,** 4648/1, 21, अंसारी रोड, दरियागंज, नई दिल्ली-110002 से प्रकाशित तथा ओम आफसेट, जगतपुरी शाहदरा, दिल्ली-110093 में मुद्रित

# अनुक्रम

# 1

# माई री मैं कासे कहूँ पीर अपने जिया की

भूमण्डलीकरण के बाद का समाज दोहरी नागरिकता का समाज हो गया है—एक समय में हम विश्वनागरिक भी हैं और अपनी-अपनी सामूहिक इयत्ताओं से बँधे राष्ट्रीय नागरिक भी। विश्वनागरिक की क्षैतिज बंधुता (horizontal comraderie) ठीक से तभी परवान चढ़ेगी जब अपनी-अपनी स्थानीयताओं में हम अच्छी तरह रचे-बसे हों वरना हम वही बनकर रह जाएँगे जिसे टी.एस. एलियट ने पिछली सदी की शुरूआत में भुसभरे लोग (hollow men) और अगरधत्त इतवारी चेहरे (satisfied sunday faces) कहा था!

अगर हमें अलग और विशिष्ट होने का अधिकार नहीं होगा, हमारी समानता बिस्कुट की पैकेटों की समानता होगी या गाड़ी के पार्ट-पुर्जों की समानता। इसी विश्वास के साथ लोकगीतों का यह संकलन तैयार हुआ है और मैं खुशकिस्मत हूँ कि मंजु के इस अथक श्रम की मैं साक्षी रही!

विश्व की जितनी प्राचीन संस्कृतियां हैं—भारत, चीन, यूनान, रोम, मिस्र, अरब और मोसोपोटामिया वगैरह, वहां के लोग स्वाभाविक रूप से परतदार होते हैं। सदियों की अनुगूजें उनकी भाषा में छन आती हैं—लोकाख्यान, मिथक, ऐतिहासिक उठा-पटक और सांस्कृतिक अदला बदली की कई कच्ची-पक्की दास्तानें एक तरफ तो दूसरी तरफ इंटरनेट—दीपित दुनिया की कई उड़नछू सूचनाएं, अधूरे संवाद और अन्य ध्वनिम् या साउंड बाइट्स। नतीजा यह कि यहां का भाषिक अवचेतन तरह तरह की अन्तर्ध्वनियों से खचाखच भरा रहता है। एक बिम्ब का आसरा लूं तो समझिए, यहां का भाषिक अवचेतन अलीबाबा की गुफा ही हो जाता है। उसके सनातन अंधेरों में परतद्वार आदिम स्मृतियां और चुनिन्दा अधुनातन प्रसंग रहस्यमय रत्नों की तरह अपना सतरंगा प्रकाश बिखेरते रहते हैं।

इसी एहसास के साथ दुनिया के हर प्रमुख विश्वविद्यालय में 'फोकलोर स्टडीज' का एक पूरा विभाग खुला—एकध्रुवीय दुनिया और एकरंगी संस्कृति के

उत्तर औपनिवेशिक प्रतिकार की बृहत्तर राजनीति के तहत खुला जहां डॉ. मंजु तँवर की तरह के दृष्टिसम्पन्न अध्येता अपना ही वैभव भूल चुकी गई पुरातन संस्कृतियों को आत्मवीक्षण के सबल सूत्र पकड़ा रहे हैं। यह जरूरी है क्योंकि धीरे-धीरे खत्म हो रही है वह पीढ़ी जो बच्चों को गोद में सुलाकर थपकियाँ देती हुई आदिम स्मृतियों की छब-ढब से लहालोट रखती थी! जीवन के घटाटोप में जब भी कोई द्वंद्व की घड़ी आती थी तो बचपन में सुने हुए इन आदिम आख्यानों से चरित्र उभरकर पीठ पर हाथ रख देते थे या लोकगीतों के बिरही बोल लालटेन ऊंची किए हर दोराहे पर मुस्काते मिल जाते थे! हर वर्ग, हर वर्ण, हर श्रेणी के लोगों से घुल-मिलकर बतिया लेने की कला सहज ही आ जाती थी।

अक्सर ही कॉलेज से घर की ओर साथ लौटते हुए मैं और मंजु ये चर्चा करते जाते कि नई पीढ़ी स्मृतिशून्य न हो जाए, इसके लिए जरूरी है उसे उसके 'मूल' तक ले जाने वाली ये निधियाँ—लोकगीत और लोकाख्यान उपलब्ध कराए जाएँ! फिर आगे जाकर यह पीढ़ी लोक मोटिफों से वे अंतःपाठीय सम्वाद भी रच सकेगी जैसा अफ्रीका रचनाकार रचते हैं।

मंजु से ये बातें कहने का मतलब था! धीरे-धीरे मैंने जान लिया था कि मंजु खुद ही एक खजाना है लोकगीतों का। उत्तर भारत की सारी भाषाएँ उसके बचपन की सहेलियाँ हैं! अंतरंग गपशप कर सकती है वह उनसे और मधुर स्वर में उनके गीत गा भी सकती है। बात-बात में उसके होंठों से रंगारंग लोकगीत तितलियों की लय में उड़ते हुए आते और मेरे मन में देर तलक पंख कँपकपाते।

वर्गीकरण, रूढ़ शब्दों के अनुवाद आदि का कार्य कठिन था जो मंजु ने मनोयोगपूर्वक किया और जब संग्रह सामने आए, मेरे मन में यह खिड़की खुली कि स्त्री-संबंधी विमर्श के शास्त्रीय आधार जितने सम्पुष्ट हैं, उससे कम सम्पुष्ट उसके लोकतात्त्विक आधार नहीं।

लोक-मनीषा में स्त्री-सम्बन्धी दो द्वित्व विलोम आपस में टकराते हुए दीखते हैं। 'सुखिया' और 'दुखिया'—दो तरह की स्त्रियां मानी गयी हैं जो लोकथाओं में दो बहने, दो पत्नियां, ननद-भाभी, सास-बहू, दो सहेलियां बनकर अक्सर प्रकट होती हैं। एक का पति उसे टूटकर प्यार करता है तो दूसरी का बिल्कुल नहीं। दो मनःस्थितियों/परिस्थितियों में पलती हुई भी वे किसी प्रकार आपसी सम्वाद कायम रखती हैं! अक्सर ऐसा दिखाया जाता है कि जिसके पास सुख-सुविधाएं हैं, उसके पास नैतिक तेज उतना नहीं, शायद इस तर्क के आधार

पर कि प्रकृति क्षति-पूर्ति के सिद्धान्त पर कार्य करती है और यह सम्भव ही नहीं कि इस धरती पर कोई एक कोना हर तरह से भरा-पूरा हो।

स्त्रियों के बीच सिर्फ एक रिश्ता ऐसा माना जाता है जहां 'सुखिया-दुखिया' का द्वित्व विलोम काम नहीं करता और वह रिश्ता है मां-बेटी का! यह एक रिश्ता है जहां एक सुखी हो, दूसरा दुखी—यह सम्भव ही नहीं। एक के सुख में ही दूसरे का सुख है, और उसके दुख में दूसरे का दुख। इस रिश्ते में तादात्म्य कुछ इतना घनीभूत रहता है कि कम-से-कम मां के लिए बेटी के दुख से निरपेक्ष रहकर किसी अपने सुख (जैसे दाम्पत्य सुख) से जुड़ा जाना बिल्कुल सम्भव नहीं होता। इसका विलोम सम्भव होता है यानी कि सन्तान के सुख से अपने वैयक्तिक दुख का तन्वीकरण सम्भव हो जाता है, पर उसके दुख के साथ अपने किसी नितान्त निजी सुख की कल्पना भी नहीं सधती। प्रेम और सहानुभूति की यह चरम घनीभूत स्थिति पति-पत्नी और प्रेमी-प्रेमिका में भी सम्भव हो सकती है—शिव-पार्वती, नल-दमयन्ती आदि कुछ मिथकीय चरित्रों में सम्भव दिखायी भी गयी है और उसका सजल साक्ष्य लोकसाहित्य देता है।

बेटी की विदाई के बहुत-से गीत ऐसे हैं जिनमें स्त्री-जीवन की पीड़ाएं अपने ढंग से व्यक्त हुई हैं। सबका सार-संक्षेप प्रस्तुत करता पार्वती की मां का यह कथन है—

**केहि विधि सृजी नारि जग माहीं**
**पराधीन सपनेहुं सुख नाहीं**

बचपन में पिता की, किशोरावस्था में भाइयों की, युवावस्था में पति की और बुढ़ापे में बेटों की अधीनता—लम्बे समय तक भौतिक/आर्थिक/भावनात्मक परावलम्बन स्त्री-जीवन का केन्द्रीय सत्य रहा है, किन्हीं अर्थों में अभी भी है। स्त्रियां साधनों का विनियोग करती हैं, उनका उत्पादन और साज-संभाल भी उनके हिस्से होता है, पर उन साधनों के संवितरण (dispersal) पर उनका कोई नियंत्रण नहीं रहता। मायके से आया स्त्री-धन और स्वयं-उपार्जित वेतन भी खर्च होता है पिता-भाई, पति-पुत्रों की आज्ञा से ही। अपने हाथ से उठाकर वे किसी को एक अद्धी भी दे दें तो बहुधा इस पर हंगामे होते हैं। इसी का प्रतिकार लोकगीतों के हास-परिहास, व्यंग्य-कटाक्ष आदि कई प्रसंगों में हो जाता है जहां जोगी भीख मांगने आता है तो बहू ससुर को दे आती है, कूड़ा फेंकने जाती है तो देवर को फेंक आती है।

शादी-ब्याह के अवसर पर मजाक-मजाक में जो गालियां वधू-पक्ष की

ओर से वर-पक्ष के लिए गायी जाती हैं, वे भी शायद दो परिवारों के बीच सम्बन्ध-विस्तार के क्रम में हुई गलतफहमियों/मनमुटावों से निजात पाने का, खुदारा खुन्दकों की भड़ांस निकालने का एक उपाय ही है—बोलकर बात खत्म कर लेने के विवेक से परिचालित एक तरह का रेचन।

दो सौतिनों (सपत्नियों) के बीच पलनेवाले खट्टे-मीठे रिश्तों का भी खासा मार्मिक साक्ष्य कुछ लोकगीत प्रस्तुत करते हैं। उनमें से दो-तीन उदाहरण पर्याप्त होंगे। मैंने वही उदाहरण चुने हैं जिनमें उपेक्षिता पत्नी/प्रेमिका की व्यथा मूर्त्त होती है और उसका मान भी, जो एक तरह से उसकी अस्मिता का जयघोष भी है—

**झरोखे से झांक रही,**
**मेरो जिया जाने।**
**राजाजी लाए, लाए सौतिनिया—**
**मैं दुल्हन-सी लाग रही, मेरो जिया जाने!**

यहां गानेवाली का 'जिया' तो जो जानता है सो जानता ही है कि उसे कैसा लग रहा है, सुननेवालियों का 'जिया' भी यह जानकर कम विचलित नहीं होता कि उसे उसके 'राजाजी' ने छोड़ा भी है तो इसलिए कि वह मां नहीं बन सकती—

**सौतन ने जायो, जायो एक ललना—**
**मैं जच्चा-सी लाग रही, मेरो जिया जाने!**

बच्चा सौतन के घर हो रहा है, जच्चा-सी लग रही है उपेक्षिता। क्या यह तादात्म्य है? अथवा इच्छा-पूर्ति? शायद दोनों। वह खुश है, वह संतप्त है। वह इतनी खुश और इतनी संतप्त है कि दोनों के बीच का फर्क ही मिट गया है। और उसकी स्थिति वह हो गयी है जो सिर्फ 'द्रष्टा' की हो जाती है—तभी तो झरोखे का प्रसंग आता है। यह एक तरह का रामझरोखा है जहां बैठकर 'जग का मुजरा' ही लिया जा सकता हे, और कुछ नहीं किया जा सकता।

दूसरे लोकगीत में उपेक्षिता अपने पति को जो चिट्ठी लिखती है, वह पूरी-की-पूरी सामने रख देने लायक है :

**पिरिए पराननाथ,**
**सादर परनाम!**
**इहां त सब-कुछ कुसले-कुसल छई।**
**अहें के हाल ला अत्मा बिकल छई।**
**यादो न हेत पिया हमरी सुरतिया।**
**बिसरल न हेत मुदा ससुरक नाम!**

यानी मेरी सूरत तो आपको अब तक भूल गयी होगी, पर ससुर का यानी मेरे पिता का नाम शायद नहीं भूला हो, क्योंकि वे तो आपकी ही तरह एक पुरुष हैं; उनकी अपनी एक सामाजिक हैसियत है, जिसे किसी स्त्री की सूरत की तरह आसानी से भुलाया नहीं जा सकता। कहने का अर्थ शायद यह कि मेरी सूरत में इतनी कान्ति कहां जो आपको खींच लाए, पर पिता के नाम में शायद इतनी ताकत बची है अभी।

आगे वह कहती है कि मायके में दिन-भर खाली बैठी रहती हूं तो मेरी भाभी ने तरस खाकर मुझे कोर्ट-पीस (ताश) का खेल सिखा दिया। कम-से-कम वही खेल खेलने आ जाइए! फिर ताश के खेल से ही रूपक लेकर वह कहती है–

**अहां छी बादशाह, हम छी गुलाम**

तीसरे छन्द में छोटी बहन के पति के घर आने का वर्णन है। तंज यह कि छोटी बहन का पति आकर उसे ले गया, मुझे लेने आप अबतक नहीं आए। पति के मधुर भाव जगाने का एक छोटा यत्न उस कथन में भी द्रष्टव्य है जहां वह कहती है कि छोटी बहन के पति से मिलने जैसे ही मैं देहरी पर गयी, उन्होंने अपने साढ़ू (यानी आपका नाम मुझसे पूछ लिया और मैं बैठ भी नहीं पायी थी कि पलटकर भागी। किस मुंह से लेती मैं आपका नाम! आपका-मेरा सम्बन्ध ही कुछ ऐसा है...आदि।)

तीसरा जो लोकगीत मैं उद्धृत कर रही हूं, वह औरत की अस्मिता के साथ-साथ उसकी यौन-इयत्ता का भी जयघोष है–

**मैं चन्दा-जैसी नार, राजा, क्यों लाए सौतिनिया,**
**जो मैं होती काली-कलूटी तो लाते सौतिनिया–**
**मेरे गोरे-गोर गाल, राजा...**

आगे इसी क्रम में वह कहती है कि मैं लंगड़ी-लूली होती और तुम सौतन लाते तो फिर भी एक बात थी, मेरी चाल तो हिरणी जैसी है; मैं 'गंजिन-गुंजिन' भी नहीं, मेरे बाल लम्बे-लम्बे हैं...आगे वह कहती है कि मैं 'बांझिन-बूझिन' भी नहीं, मेरे 'लाल' तो इस गांव के हर घर में खेलते हैं–इतनी मैं उर्वर हूं, इतनी सक्षम कि घर-घर मेरे चाहनेवाले हैं, तुम क्या खाकर मुझसे टक्कर लोगे–यौन-इयत्ता भी मेरी तुमसे सघनतर ही है।

हंसते-हंसते जान निकाल लेने की ग्राम-वधुओं की यह कला सूरदास के 'भ्रमरगीत' में लहककर सामने आयी है। लड़ाई का घरेलू अस्त्र ही है ग्राम्य

परिहास की यह परम्परा, जिसका साक्ष्य लोक-साहित्य देता है। कोमलता, धैर्य और सहिष्णुता कभी-कभी स्त्री के ऐसे अस्त्र बन जाते हैं जिनसे बड़े-से-बड़े परास्त हो जाएं! कैसे?—इसकी आहट महादेवी वर्मा की 'शृंखला की कड़ियाँ' में सुनाई पड़ती है—

"पुरुष चाहे उसे युद्ध में जीतकर लाया, चाहे अपहरण करके; चाहे उसकी इच्छा से उसे प्राप्त कर सका, चाहे अनिच्छा से; परन्तु उसने प्रत्येक दशा में नारी को अपनी भावुकता का अर्घ्य देकर पूजा। नारी भी नारियल के कड़े छिलके के भीतर छिपे जल के समान पुरुष की बाह्य कठोरता के भीतर छिपी स्निग्ध प्रवृत्ति का पता पा गयी थी। अतः उसने सारी शक्ति केवल उसकी कोमल भावना जगाने में लगा दी। उसने न अपनी भुजाओं में शक्ति भरने और उस शक्ति के प्रदर्शन से पुरुष को चमत्कृत करने का प्रयत्न किया और न अपनी विद्याबुद्धि से पुरुष को पराजित करने का विचार किया। वह जानती थी कि इन गुणों के प्रदर्शन से पुरुष में प्रतिद्वन्द्विता की भावना जागेगी, परन्तु वह पराजित होकर भी वशीभूत न हो सकेगा, क्योंकि प्रतिद्वन्द्वियों की हार-जीत में किसी प्रकार का आत्म-समर्पण सम्भव नहीं।"

यही नैसर्गिक प्रज्ञा भारत की ग्राम-वधुओं में लोकगीतों/लोककथाओं के आश्रय से लगातार व्यक्त हुई है जहां कोमल हास-पहिरहास का भी वे एक रणनीति के तहत उपयोग करती रही हैं, आज से नहीं बल्कि आदिकाल से। यह बात अलग है कि उनकी वाचिक परम्परा को कोई अपना संकलनकर्त्ता, कोई अपना व्यास नहीं मिला। जो कुछ सुरक्षित रह सका, वह केवल धर्म के आश्रय से; धर्मनिरपेक्ष सारी चीजें संतरणशील रहीं।

लगभग भक्ति-आन्दोलन के ही काल में लौकिक संस्कृत में अनेक कवयित्रियों की स्फुट रचनाएं उपलब्ध होती हैं, जिनकी रचनाकारों में प्रमुख हैं विकटनितम्बा, शीलाभद्रारिका, सुभद्रा, प्रभुदेवी, बिज्जा, मरुला, पदमावती, गौरी, अवन्ति सुन्दरी, फल्गुहस्तिनी, मोरिका आदि। बारहवीं शताब्दी से ही लोकजिह्वा पर चढ़ा यह गीत भी एक लोककवयित्री की ही रचना है जिसमें बेटी अपने 'लखिया बाबुल' से शिकायत करती है कि भाई को तो महले-दुमहले मिले और उसके हिस्से में आया परदेश (इसे अमीर खुसरो ने अपने ढंग से बढ़ाया)—

**काहे को ब्याही बिदेस रे लखिया बाबुल मेरे,**<br>**भैया को दीन्हें बाबुल महला-दुमहला**<br>**हमका दिए परदेस**<br>**रे लखिया बाबुल मेरे।**

लोकगीतों के आदिशोधकर्त्ता श्री रामनरेश त्रिपाठी ने गहरा अध्ययन करके यह निष्कर्ष निकाला है कि स्त्रियों के गीतों में पुरुषों का मिलाया हुआ एक शब्द भी नहीं है। स्त्री-गीतों की सारी कीर्ति स्त्रियों के ही हिस्से की है। यह सम्भव हो सकता है कि एक-एक गीत की रचना में बीसों वर्ष और सैकड़ों मस्तिष्क लगे हों, पर मस्तिष्क थे स्त्रियों के ही, यह निर्विवाद है।

'धिन उमादे सांखली' नाम से राजस्थान में गाया जानेवाला एक गीत तो और पहले का है—चारणकाल का। महत्त्वपूर्ण बात यह है कि चारणियों ने वीर-काव्य प्रायः नहीं लिखे, पर हास-परिहास और व्यंग्य उनके स्फुट दोहों में अवश्य मिलते हैं। चारण अचल दास की सातवीं पत्नी थीं झीमा चारणी। अचल दास को अपनी दूसरी पत्नी लीला प्रिय थी। उनकी तीसरी पत्नी उमादे को सम्बोधित कर झीमा इस गीत में कहती हैं—

**धिन उमादे सांखली ते पिय लियो भुलाय**
**सात बरसरो बांछड्यो, तो किम रैन विदाय।**
**पगे बजाऊं घूंघरू, हाथ बजाऊं तूंब,**
**उमा आंचल मुलावियो, ज्यूं सांवल की लूंव।**

लोकगीत का ही आसन पा चुके पृथ्वीराज राठौड़ की पत्नी चम्पादे के भी कई गीत हैं। पति-पत्नी के बीच काव्य-विनोद की कई कथाएं उनके नाम से प्रचलित हैं। कहते हैं, एक बार पृथ्वीराज राठौड़ ने दर्पण देख अपना श्वेत केश उखाड़ फेंका। चम्पादे की मुस्कान दर्पण में झलक गयी। पृथ्वीराज ने कहा—

**पीथल धोला अविया बहुली लागी खोड़,**
**कामण मत्त गयंद ज्यूं ऊभी मुक्ख मरोड़।**

उत्तर में चम्पादे हंसती हुई बोलीं—

**हल तो धूना धोरिया पंथज गग्धां पार,**
**तरां, तुरां अरउ बनफल पक्का पक्का सांव।**

स्त्री-मनोविज्ञान की यथेष्ट समझ के लिए जांत-गीतों का अध्ययन भी आवश्यक दीखता है। सुमन राजे इन पर टिप्पणी करती हुई खूबसूरती से कहती हैं—"यह लोकगीतों का यह एकान्त कोना है जहां स्त्रियां एक पहर रात रहे उठकर चक्की चलाती हुई अपनी व्यथा-कथा कहती हैं। एक गीत में बहू का भाई मिलने आता है। बहू बड़े चाव से पूछती है कि वह क्या भोजन बनाए तो सास कहती है कि 'कोदो' और 'मसउढ़ा' बना दो। 'कोदो' एक प्रकार का निकृष्ट चावल है और

'मसउढ़ा' एक प्रकार की घास। इस पर बहन दुखी होकर भाई से कहती है–

**कै मन कूटौ भैया कै मन पीसो रे ना।**
**भैया कै मन सिझवंड रसोइया रे ना।**
**सास खांची भरि वसना भजारै रे ना।**

इतना काम करने के बाद भी बहन की स्थिति है–

**पीठ देखो भैया तो पीठ–**
**जैसे धोबी का पाट रे।**
**अँचरा देखो भैया अँचरा–**
**जैसे समनवां के बदरी रे।**

मां से कहा नहीं जा सकता, पिता से कहा नहीं जा सकता–वे वृद्ध हैं, अशक्त हैं, इतना दुख कैसे सहेंगे, इसलिए भाई से ही कहती है–"हे भाई, मेरे दुख अपनी गठरी में बांध लो; जहां उसे खोलना, वहां रोना।"

**इ दुख बांधो भैया अपनी गठरिया**
**जहवां खोलऊ तहवां रोवऊ रे।**

परदेश में काम करनेवाले पतियों की पत्नियों को सत्परीक्षा के जिस त्रास से सीता की तरह गुजरना पड़ता था, उसके भी कुछ मार्मिक प्रसंग लोकगीतों में हैं! यहां एक का सारांश दे देना पर्याप्त होगा–"*आग जल उठी/तेल खौलने लगा/बहन पास खड़ी होकर शपथ देने लगी–जब वह गंगा की शपथ देने लगी/घड़े का गंगाजल सूख गया/जब वह सूर्य की शपथ देने लगी/तो सूर्य छिप गया/जब वह आग की शपथ देने लगी तो खौलता तेल ठंडा हो गया/लांछित स्त्री ने एक बार हाथ डाला, दूसरी बार डाला, तीसरी बार में वह पार हो गयी/ हाथ में रुमाल लेकर भाई हंसने लगा/*मुंह पर दुपट्टा डालकर पति रोने लगा कि हाय मेरी सती स्त्री रूठकर मान में अब नैहर चली जाएगी।"

जिस स्त्री-तत्त्व की मान-रक्षा के लिए पूरी प्रकृति सहयोगिनी हो चली है, खुद उसका तेज कितना प्रखर है, यह तो ओखली में चावल कूटते-कूटते गाये जाने वाले इस छोटे-से लोकगीत से भी स्पष्ट है–

**कूटो, कूटो, धान कूटो–**
**साहब गोरा आए**
**तो उसे भी कूट दो।**

'आंदोलनमुखी (Action Based) शोध' चूंकि स्त्री-विमर्श की मूल प्रपत्तियों में एक है, मनोगतिकी के स्तर पर भी इसने कई परिवर्तन घटित किए हैं और कई अभी घटित करने हैं। इस क्षेत्र में इसके काम दो श्रेणियों में बांटकर देखना उचित होगा—एक श्रेणी जिसे कायापलट श्रेणी या ट्रांस्फॉरमेटिव कैटेगरी कहेंगे। इस कायापलट में स्त्री की काया से जुड़े हुए पेंच भी शामिल हैं, काया, जो उसके शोषण का प्राइमरी साइट, उसकी मूल पीठिका है तो मुक्ति का मार्ग भी है ही, पर कैसे इसे सारवाद के खतरों से बचाया जाए, इस पर कई तरह के विमर्श जारी हैं। दूसरी श्रेणी है आत्मोद्दीपन की। कृष्णा सोबती का 'जिंदगीनामा', मन्नू भंडारी का 'महाभोज', मृदुला गर्ग का 'अनित्य', मैत्रेयी पुष्पा का 'इदन्नमम' और 'अल्मा कबूतरी', गीतांजलि श्री का 'हमारा शहर उस बरस', नासिरा शर्मा का 'सात नदियां एक समुंदर', चित्रा मुद्गल का 'आवां', अलका सरावगी का 'कलिकथा वाया बाइपास' पढ़ते हुए कम-से-कम मुझे लोकगीतों की टेलिस्कोपन-तकनीक का ध्यान आया, जिसके तहत इतिहास, मिथक और आत्मकथा का एक खूबसूरत मेल घटित होता है जिसे बायोमाइथोग्राफी या इतिहास और मिथक का आत्मसाक्ष्य कह सकते हैं।

आत्मोद्दीपन या इनर रिसोर्सेज के प्रश्न से जूझती हुई इस श्रेणी के कई स्कूल हैं जिनपर आगे कभी बात हो सकती है!

सारांशतः यह कह सकते हैं कि युद्धविह्वल, आतंककातर इस एकध्रुवीय 'विश्वग्राम' में मैक्डोनल्डीय अपसंस्कृति का वर्चस्व ढीला पड़े, इसका एक प्रखर उपाय यह है कि लम्बे समय तक उपनिवेश रह चुके सब देश अपनी-अपनी लोकसंस्कृति और मिथकीय स्मृतियों का प्रखर साक्ष्य देने वाले ऐसे महाभियानों से जुड़ें! मीडिया की भाषा में ही मुस्कुराकर कहे तो यह एक मीठा 'पलटवार' होगा। निरक्षर के 'अक्षर' निरगुनिया अगाधता से सृष्टि में फैलें—इस दिशा में उठा यह अनूठा प्रयास है—रामनरेश त्रिपाठी, देवेन्द्र सत्यार्थी और ए.के. रामानुजन की दिशा में उठे ये कदम एक समधीत स्त्री के हैं, इसलिए इसमें बहनापे का भी सूक्ष्म सूत्र शुरू से अंत तक जगमगाता दीखता है!

**—डॉ. अनामिका**

## 2

# मन की बात

आचार्य सोमदेव ने 'कथासरित्सागर' के रूप में 350 कथाओं, उपकथाओं और सरस संवादों का जो खजाना मध्ययुग में हमारे लिए एकत्र किया था, उसके छिटके पन्ने लगातार मेरे मन में यह संकल्प भरते थे कि खोयी स्मृतियाँ सहेजने का बीड़ा मैं जरूर उठाऊँगी। 500 ई. के बाद देवियों की गाथाएँ ग्रंथों से कैसे गायब कर दी गयीं—यह और इस तरह के अनेक प्रश्न मुझे लगातार उद्विग्न करते रहे।

लोरियाँ गाते, व्रतकथाएँ बाँचते, मुकरियाँ बुझाते हुए मेरा मन लोकगीतों के संकलन की ओर सहज प्रवृत्त हुआ। जब मैंने हजारी प्रसाद द्विवेदी के उपन्यास शोध के लिए चुने तो उनकी 'दूसरी परम्परा' की समझ यह प्यास और बढ़ा गई। कहावतों, मोरिफ वगैरह के काव्यात्मक वैभव के विषय में अपनी सहेली, अनामिका से बात करते हुए भी कई बार ऐसा लगा कि बच्चों को स्मृतिशून्य होने से बचाना है तो बाजार के ऑडियो-जंगल में उपलब्ध स्त्रीविरोधी संस्करणों के समकक्ष मूल लोकगीत खड़े करने होंगे।

किसी भी प्रकार का साहित्य तभी सार्थक बनता है जब वह लोककंठ में बस जाये और लोक चेतना का माध्यम बन जाये। साहित्य को जनमानस के लिए इस रूप में बनाने व संवारने वाले रचनाकार कालजयी होते हैं, इसीलिए हर युग में उनकी रचनायें प्रासंगिक लगती हैं। भारतीय समाज में यत्र-तत्र सर्वत्र फैले असंख्य लोकगीतों की स्थिति लगभग ऐसी ही है। लगभग अनाम, और शायद अनपढ़ लोगों द्वारा रचा गया यह साहित्य अपनी तमाम जीवन्त संभावनाओं और अपेक्षाओं के साथ पीढ़ियों तक मौखिक परंपरा के जरिये ही पहुंचा। इसके बावजूद सदियों से चली आ रही इस परंपरा को अधिकांश जनमानस ने लोक साहित्य के रूप में अपने जीवन के हर मोड़, हर सुख-दुख में अपने साथ खड़ा पाया है।

यदि भारत के लोक की बात हो, तो उसकी थाह पाना समुद्र में गोते लगाने के समान है। जब से इस धरती पर जीवन आरंभ हुआ, तभी से लोक का साहित्य भी आरंभ हो गया। लोक की कोई निश्चित परिभाषा तो है नहीं, इसलिए वह सदियों से अपनी सहज गति से निर्बाध बहता चला आ रहा है। भारत का यह लोक किताबों के पन्नों में कैद नहीं, बल्कि किसी गांव, गली, मुहल्ले, नुक्कड़ या चौपाल पर सहज पसरा पड़ा है। यह भारत का लोक ही है कि बेटी ससुराल से अपने मायके पहुंची नहीं कि अड़ोस-पड़ोस की ताई, चाची, बुआ, मौसी सब उसका हाल-चाल पूछने के लिए इकट्ठी हो जाती हैं। जब कोई बेटी मायके से ससुराल के लिए विदा लेती है, तो हर कोई उसे अपनी जेब से कुछ न कुछ देना चाहता है। लोक के इन नियमों में प्यार और निश्छल समर्पण था। यह बात अलग है कि आज इन्हीं नियमों को रस्मों में बांधकर रूढ़ व प्रभावहीन बना दिया गया है।

भाषा का इतिहास गवाह है कि पंडितों और शास्त्रतज्ञों द्वारा बोली और पढ़ी जाने वाली संस्कृत भाषा जब लोक से इतर जाती दिखी, तो लोक (आमजन, अशिक्षित, स्त्री आदि) द्वारा प्रयुक्त की जाने वाली टूटी-फूटी या तथाकथित सम्पर्क भाषा को ही संवाद का माध्यम बनाया गया। (वह अपभ्रंश कहलायी संस्कृत का 'अक्षि' शब्द अपभ्रंश में 'अक्खि' और अब खड़ी बोली में 'आँख' बन गया।) वाचिक अभिव्यक्ति साहित्यिक अभिव्यक्ति बन गई। शायद इसीलिए बरसों तक वाचिक परम्परा में जीवित रहने वाले रामायण और महाभारत को बाद में संकलित और प्रकाशित करने की आवश्यकता आन पड़ी।

इसी वाचिक परम्परा का सबसे समृद्ध उदाहरण लोकगीत हैं। लोकगीत को लोकजीवन का उल्लासमय संगीत माना जाता है जिसमें हृदय की कोमल संवेदनायें उन्मुक्त लय के साथ फूटती हैं। लोकगीत लोक जीवन से जुड़े व्यापार, रीति-रिवाज, आचार-विचार, रहन-सहन, संस्कार, आस्था, संस्कृति, धर्म व परम्परा का निर्वाह बड़ी संजीदगी से करते हैं। इसीलिए ये स्वतः चेतना का प्रतिफल होते हैं और लोकजीवन का प्रत्येक पक्ष यथार्थ की मनोभूमि से उठाते हैं। इनके माध्यम से काल और परिवेश के साथ-साथ सम्बन्धित बोलियों के सामाजिक, राजनीतिक, ऐतिहासिक व आर्थिक परिदृश्य भी बड़ी सहजता से समझा जा सकते हैं। इसीलिए लोकगीत को 'धरती के गीत' भी कहा जाता है। इन धरती के गीतों के लगभग 90 प्रतिशत का सम्बन्ध स्त्रियों के साथ होता है।

प्रचलित जनश्रुति के अनुसार लोकगीत या लोकगान की रचयिता स्त्रियों को ही माना जाता है, जिसमें वे अपने सम्पूर्ण जीवन की व्यथा, आनन्द, उमंग

अभिलाषा और तृप्त-अतृप्त वासना और कामना तक का उद्दीपन बिना किसी रोक-टोक और पालित अनुशासन के करती हैं। लोकगीतों की अनिवार्य शर्त सामूहिकता है। घर में चाहे कितना ही तनावपूर्ण वातावरण क्यों न हो, लेकिन परिवार की स्त्रियां कोई भी संस्कार या त्योहार आने पर उसके बहाने सुख के क्षण ढूंढ ही लेती हैं, यातना-भरी जिन्दगी के बीच भी सुख के कण जो वाचिक परम्परा द्वारा ही पीढ़ी-दर-पीढ़ी आगे बढ़ते रहते हैं। जहाँ तक भाषाओं और बोलियों का प्रश्न है, तो जो बोलियाँ राजनीतिक व सामाजिक पटल पर प्रमुखता पा जाती हैं, उनके विस्तार की संभावना स्वतः ही बढ़ जाती है। इसके विपरीत जो जातियाँ आन्तरिक स्थानों पर रहती हैं, उनकी बोली अपने आप पिछड़ जाती है। इसीलिए राजनीतिक व सामाजिक परिस्थितियों के अनुसार जब साहित्य बदलता है तो वह बदलाव एक काल की सब भाषाओं और बोलियों पर एक-सा नहीं होता। यदि लोकाश्रित साहित्य को सही मायने में समझना है तो स्त्री-साहित्य को सही रूप में समझना होगा, जिसके केन्द्र में क्षेत्र व बोलीविशेष के लोकगीत ही सबसे सशक्त माध्यम बनकर उभरते हैं।

आचार्य हजारी प्रसाद द्विवेदी लोक की परिभाषा देते हुए स्पष्ट कहते हैं—"लोक शब्द का अर्थ 'जन-पद' या ग्राम्य नहीं है बल्कि नगरों और गांवों में फैली हुई वह समूची जनता है जिनके व्यावहारिक ज्ञान का आधार पोथियां नहीं हैं। ये लोग नगर में परिष्कृत, रुचिसम्पन्न व सुसंस्कृत समझे जाने वाले लोगों की अपेक्षा अधिक सरल और अकृत्रिम जीवन के अभ्यस्त होते हैं और परिष्कृत रुचि रखने वाले लोगों की समूची विलासिता और सुकुमारिता को जीवित रखने के लिए जो भी वस्तुएं आवश्यक होती हैं, उनको उत्पन्न करते हैं।" (लोक-साहित्य की भूमिका-कृष्णदेव उपाध्याय, पृ. सं. 11) इस लोक के दायरे में जल, जंगल, जमीन, श्रम, कला, संस्कृति व स्त्री प्रमुख हैं।

## लोक गीत और स्त्री मन

जहां तक स्त्री का सम्बन्ध है, सम्पूर्ण विश्व में कुछ गिनती के मातृसत्तात्मक या मातृवंशात्मक समूहों को छोड़कर अन्य सभी भागों में पितृसत्तात्मक व्यवस्था रही है जहाँ बेबले (1990) के शब्दों में 'सामाजिक' क्रियाओं को ऐसी व्यवस्था के रूप में परिभाषित किया जाता है, जिसमें पुरुषों का स्त्रियों पर वर्चस्व रहता है और वे उनका शोषण व उत्पीड़न करते हैं।' पितृसत्ता स्त्रियों का हाशियाकरण करती है और उनकी स्थिति कमतर, शोषित, उत्पीड़ित व शक्तिहीन बनाती है। अन्य हाशियाकृत समुदायों की तरह स्त्रियों की भी जीवन-दशाओं, अनुभवों व

प्रतिक्रियाओं को लिखित इतिहास की बजाय मौखिक इतिहास के द्वारा कहीं बेहतर ढंग से समझा जा सकता है। मौखिक-वाचिक परंपराओं में स्त्री आवाज की गूंज है। मौखिक परंपराओं का महत्वपूर्ण अंग हैं–लोकगीत जिनमें स्त्री-दृष्टि व स्त्री-सृष्टि गुंजायमान है।

जहां तक लोकगीतों के आरंभ का प्रश्न है, मेरा मानना है कि लोकगीतों के छन्द, लय व ताल का आरंभ न केवल 'ऋग्वेद' और भरत मुनि के नाट्य-शास्त्र से अपितु जब से मानव ने रोना और हंसना शुरू किया होगा, तभी से हो गया होगा। जब से मानव-मन में प्रकृति का अहसास हुआ होगा, मनुष्य ने स्वयं के अलावा अन्य के बारे में सोचना शुरु किया होगा, तभी उसके हृदय के भाव गीतों के रूप में फूट पड़े होगें। वैसे इतिहास में दर्ज वाल्मीकि रामायण में सर्वप्रथम ग्रामगीतों का उल्लेख हुआ है। इसके बाद प्राकृत और अपभ्रंश साहितय में इन गीतों की एक सुदीर्घ परंपरा है जो गाथा सप्तशती से लेकर हेमचन्द्र के व्याकरण में उद्धहरणों के रूप में वर्णित है।

लोकगीतों में पुरुखों से चली आती परम्परा अनुभव के रूप में वर्तमान रहती है। समकालीन समाज इन अनुभवों व जीवन-संघर्षों को काव्यात्मक अनुभूति देता रहता है। इस तरह लोकगीतों की एक परंपरा सी चलती रहती है। लोकगीतों में दरिद्रता, भुखमरी, अन्याय, स्त्री पराधीनता, दुष्ट शासन, संघर्ष आदि के अलावा प्रेम, उत्सव, आकांक्षा, अभिलाषा, यौन प्रसंग, स्त्री-पुरुष के अन्तर्सम्बन्ध व इतर सम्बंधों तक की खुली व एक तरह से अशिष्ट भाषा में भी निर्बाध अभिव्यक्ति है।

लोकगीतों में इस चेतना के दो प्रमुख कारण हैं। एक तो यह किसी के आश्रय में उत्पन्न नहीं होती, बल्कि हृदय की स्वाभाविक अनुभूति से उत्पन्न होती है। अतः प्रायोजित नहीं होती। दूसरा किसी के अधीन न होने के कारण इनमें एक तरह का निजत्व-भरा स्वाभिमान भरा होता है। लोकगीतों में इस स्वतः स्फूर्त ओज के बारे में कुछ यूं कहा गया है–

**'नाहीं बिरह कर खेती भइया;**
**नाहीं बिरह फरे डाढ़।**
**बिरहा बसेले हिरिदिया में रामा;**
**जब उमगेले तब गांव।**

**(भोजपुरी लोक गीत भाग-2, कृष्णदेव उपाध्याय, पृ. 61)**

किसी परिस्थिति का व्यक्ति-विशेष के मन पर क्या प्रभाव पड़ता है, इसका स्वाभाविक उदाहरण लोकगीत ही हैं। विशेषकर स्त्रियाँ अपने संघर्षों को लोकगीतों के माध्यम से न केवल जीवित रखती हैं, बल्कि उन्हें धार भी देती हैं। वे न केवल स्वयं को पहचानने की कोशिश करती हैं बल्कि विरोधी पर अचूक निशाना भी साधती हैं। इसलिए यह धारणा एकांगी होगी कि लोकगीतों में सिर्फ उल्लास और पर्व का ही वर्णन है। उत्कृष्ट विचार और निकृष्ट व्यवहार दोनों साथ-साथ चलते हैं। सामान्य जीवन में सास के सामने प्रत्युत्तर का भी साहस न करने वाली बहू लोकगीत में–

**'कोठे ऊपर कोठरी, मैं उसपे रेल चला दूंगी।**
**जो मेरी सासु तू कुछ बोली, निच्चे पटक दे मारूंगी।''**

जैसे दुःसाहस की परिकल्पना कर लेतीं है। अपने मायके से मिली सौगातों को–

**'ये मेरा झुमका, मायके तै आया।**
**इन्नै तै हात न लगाना दूंगी।'**

कहकर प्रतिकार का उद्‌घाटन जोरदार ढंग से करने में समर्थ है।

**''छत पे सोया ता बहनोई**
**मैं तन्नै समझ कै-सो गई**
**मन्नै राणा जी माफ करना**
**गल्ती म्हारे से हो गई।''**

पति से इतर पुरुष-यथा बहनोई, देवर, जीजा आदि के साथ हास-परिहास व चुहलबाजी की स्वीकृति-सी है। दूसरी ओर 'सासुल पनिया कैसे जाऊँ रसीले दोऊ नैना' कहकर अपनी सास को ही परपुरुष के आकर्षित होने के प्रति सचेत करती है। भाभी अपनी ननद से कहती है कि ''ननद न घर मत कहियो जांय रसीले दोउ नैना'–यह है भारतीय लोक। जिसे हम आधुनिकता कहते हैं, उसकी कमी लोक में बिल्कुल नहीं है। प्रेम-संबंधों की स्वीकारोक्ति का ये साहस, ये रंग भारतीय लोक के अलावा कहीं नहीं। लोकगीतों से पता चलता है कि नारी की स्वाधीन चेतना की जीत हमेशा से जीवित रही है।

इन गीतों में स्त्री की स्वयं को खोजने की बहुत ही आतुर कोशिश है। उसमें लोक मन की रवानगी, उसका ठाठ, उसके भीतर की ताजगी और जीवन्तता है, जिन्दगी जीने का अदम्य साहस और लालसा भी है। यहाँ फकीरी

का रोना नहीं, बल्कि उसका उल्लास है। भीतर की उमंग ऐसी कि लाख गरीबी के बावजूद ऐसे अवसरों पर नाचे-गाये बिना काम नहीं चलता। लोकमन की उदारता ऐसी कि किसी को भी अकेले नहीं छोड़ना, आनन्द में सब झूम उठते हैं अपने लोक की थाप पर। भारतीय लोकमन की ऊर्जा का ही परिणाम है कि यहां इतने सुन्दर लोकगीतों व नृत्यों का सृजन हुआ है। कहीं आपसी सम्बन्धों में पड़ी गांठें खोलने की सार्थक कोशिश है तो कहीं पौराणिक पात्रों को नये-सिरे से जांचने-परखने का प्रयास है।

## संगीत और अर्थसमुच्चय

भारतीय समाज की मूल परम्परायें और विश्वास, जीवन के आधारभूत सिद्धान्त और उनका जीवन-दर्शन लोकजीवन में निहित है और लोक जीवन की सबसे सशक्त अभिव्यक्ति का साधन उस क्षेत्र विशेष के लोकगीत हैं। इन लोकगीतों में जीवन के सुख-दुख, प्रेम-घृणा, ईर्ष्या-द्वेष, कटुता-मधुरता, आलोचना और प्रशंसा-समेत जीवन का कोई ऐसा अनुभव नहीं, जिसकी समावेशना न हो। इसीलिए यद्यपि इनका मूल ध्येय मनोरंजन है, पर वास्तव में ये जीवन की गहरी अन्तर्दृष्टि के द्योतक हैं। परम्पराओं और धर्मिक विश्वासों की मूल अभिव्यंजना की सहज, सरल और बेबाक संगीतमय अभिव्यक्ति लोक और विशेष रूप से स्त्री समाज में बेहद लोकप्रिय है।

धुनों और शब्द-संचयन की दृष्टि से लोकगीतों में स्त्रियों के गीत पुरुषों के गीतों की अपेक्षा कहीं अधिक परम्परागत हैं। स्त्रियां स्वभाव से ही संरक्षण-प्रिय होती हैं और परम्पराओं में उनका विश्वास पुरुषों की अपेक्षा थोड़ा ज्यादा होता है, इसलिए भी उनके गीतों में विकृत परिवर्तन का स्वभाव लगभग नहीं के बराबर है। समाज की प्रत्येक गतिविधि के साथ इन गीतों का सम्बन्ध है। समाज में वर्षों से निभाये जा रहे संस्कारों और लोकाचारों के अतिरिक्त बहुत सी प्रचलित प्रथाओं और धारणाओं का उल्लेख भी इन गीतों में सहज ही देखा जा सकता है।

यद्यपि आज चारोंओर फ़िल्मी गीतों का बोलबाला है, आधुनिक युवा की पसन्द अंग्रेजी गीत भी हैं लेकिन सच का एक पक्ष यह भी है कि जब-जब फिल्मों में भी लोकगीतों को गाया और फिल्माया गया हैं तो वे लगभग सुपरहिट हुए हैं। 'झूठ बोले कव्वा काटे' 'मेरे अंगने में तुम्हारा क्या काम है', 'रंग बरसै भीगे चुनरवाली', 'पल्लो लटके गोरी का पल्लो लटके', आदि अनेक गीतों को इसी श्रेणी में रखा जा सकता है। परम्परा से चली आती हुई सामाजिक प्रथा जब

स्वभाव बनकर, भिन्न-भिन्न अवसरों पर, मंजीरे की थाप पर गली मुहल्ले की स्त्रियों, रिश्तेदारों और सहेलियों की टोली द्वारा गायी-बजायी जाती है तो असली लोक का गीत वही कहलाती है।

यही लोकगीत उस क्षेत्र के सम्पूर्ण लोकाचार, व्यवहार और उपजीव्य की आत्मा है। लोकगीत का मूलभाव एक होने के बावजूद हर प्रान्त के गीतों में प्रदेशविशेष की संस्कृति और सभ्यता सहज ही झांकती रहती है। इसलिए मैंने भिन्न-भिन्न प्रांतो के लोकगीतों को भिन्न शृंखलाओं में समेटने का प्रयास किया हे। 'भारतीय लोक और स्त्री मन' के शृंखला-1 में जहां भोजपुरी के लोकगीतों की विस्तृत चर्चा की गई है, शृंखला-2 में खड़ी बोली के गीतों को समेटने का प्रयास किया है। इसमें विशेष रूप से दिल्ली, मेरठ, बिजनौर, नजीबाबाद आदि ठेठ खड़ी बोली के क्षेत्रों में बहुप्रचलित गीतों को हुबहू रखने का प्रयास किया है। दरअसल लोकगीत लोकगायकी और लोक की परंपरा में एक बेहद्दी मैदान की तरह हैं, जहां दोनों को खुलकर खेलने का मौका मिलता है। इसलिए मैंने भी गीतों को विश्लेषण की सीमाओं में बांधने की बजाय छुटपुट इशारा करके सुधी पाठकों और गायकों के लिए खुला छोड़ दिया है। हजारों प्रचलित गीतों में से इतनी संख्या में गीतों को चुनना कठिन कार्य था। फिर भी अधिकांश मौकों पर गाये जाने वाले गीतों को संग्रहित करने का प्रयास किया है। अनावश्यक विस्तार से बचने के लिए कहीं गानों की टेर दी गई है और उसका विस्तार लोकगीत के पारंपरिक विस्तार के लिए छोड़ दिया है जिसका अनुमान पाठक या गायक अन्य पूर्ण विस्तृत गीतों के आधार पर सरलता से लगा सकते हैं। खड़ी बोली का यही क्षेत्र मेरी जन्मस्थली भी है, इसलिए गीतों के चयन में मेरे नजीबाबादी मन की झलक मिले, तो आश्चर्य नहीं है। मुझे आशा है कि भारतीय लोकगीतों का यह अध्ययन जहां सम्पूर्ण भारतीय मानस व अस्मिता के संग्रहण, मनन और अनुपालन में सहायक होगा, वहीं इस दिशा में काम करने वाले शोधार्थियों को भी दिशा प्रदान करेगा।

जहां तक लोकगीतों में संगीत का प्रश्न है, तो उसके लिए किसी सजग प्रयास की आवश्यकता नहीं होती, वह स्वतःस्फूर्त होता है। लोकगीतों की पहचान उनकी लय से होती है। खड़ी बोली, भोजपुरी, राजस्थानी, हरियाणवी, पंजाबी, गुजराती, हिमाचली, डोगरी, अवधी आदि किसी भी बोली का लोकगीत सुनें, वह उसकी लय से ही पहचाना जाता है। भाव के स्वर पर तो लगभग सारे ही लोक-गीत एक ही थैली के चट्टे-बट्टे से प्रतीत होते हैं। यूं भी लोक की प्रवृत्ति और स्वभाव देशाटन रहा है। एक स्थान से दूसरे स्थान पर जाना, बसना, वहां

से तीसरे स्थान की खोज से ही गांव, नगर, प्रान्त और देश का अस्तित्व बना। वह जहां भी गया अपनी लोक परंपरायें छोड़ता गया और वहां से कुछ बटोरकर, अपनाकर आगे बढ़ता गया। परिवर्तन की इस प्रक्रिया में न केवल मानव की बोलचाल, खान-पान, वेशभूषा, आचार-विचार, रहन-सहन शामिल है, अपितु नदी-नाले, पहाड़, हिम शिखर, बनखण्ड, जल-जमीन आदि की अलग संज्ञाओं से अपनी अस्मिता के बावजूद भाव, स्वर, संगीत आदि के स्तर सम्पूर्ण लोक का भाव लगभग एक जैसा है। और जहां तक भारतीय लोक का प्रश्न है, वह गंगा के समान है, जो अनेकों पहाड़ियों और तलहटियों के अलावा अनेकों अचलों से गुजरते अनेकों नदियों-नालों को अपने में समाने के बावजूद मूलतः गंगा ही रहती है। हिमाचल के लोकगीत पंगवाली, चम्बयाली, भरमौरी, लाहुली, किन्नौरी, महासुवी, सिरमौरी, कहलूरी-बघाटी, मण्डयाली, कुल्लई, कांगड़ी आदि अपनी लय की भिन्नता के बावजूद भाव के स्वर पर लगभग एक जैसे हैं, माटी की गंध और झरनों का प्रवाह सबसे में एकरस होकर प्रवाहित होता है। इसलिए लोकगीत जीवन्त है, हर युग और जगह में ताज़ा है और समसामयिक प्रतीत होता है।

## लोकगीत और बाजार

लोकगीतों को बाजार के जरिये एक बड़े पैमाने पर सांस्कृतिक उत्पाद के रूप में बेचा जाना खतरनाक है और उसके इर्द-गिर्द धारणा बनाना कि आज के लोक की मांग या पसन्द यही है। आजकल 'लोक' के अनेक गीत प्रचार में आ रहे हैं, वे इतने द्विअर्थी और स्त्रियों के प्रति एक खास तरह का भोगवादी दृष्टिकोण लिए हुए हैं। अपनी सस्ती उत्तेजना के बल पर ही वे जीवित भी हैं 'शीला की जवानी' और 'मुन्नी बदनाम हुई' इसी प्रकार के गीतों का प्रभाव हो सकता है। लोक के साहित्य को इस प्रकार अधिग्रहित और विकृत करने के लिए लोक साहित्य के नाम पर बाजार में परोसा जाये, यह हमारी सांस्कृतिक अस्मिता के लिए यह सबसे बड़ा खतरा है।

लोक से जुड़ी खाँटी चीजें विलुप्त हो रही हैं। अब लोकगीतों या विवाह के गीतों को भी फिल्मी धुनों पर गाया-बजाया जा रहा है। पुरानी पीढ़ी के खत्म होने से ये गीत व कलायें भी खत्म होती जा रही हैं। मीडिया या चैनलों पर दिखाया जाने वाला लोक तो उस तरह का लोक है ही नहीं। लोक का लोकतान्त्रिक होना अनिवार्य है! वहां यह लोक गान सर्वप्रथम किसके मुंह से निकला, इसका पता ही नहीं। फिर यदि एक गीत किसी स्त्री ने गाया, दूसरी ने सुना और सुनकर

आधा-अधूरा अपनी तरह से दूसरी जगह गाया, तो परिवर्तन तो गीत की प्रकृति में ही समा गया। इसलिए लोकगीतों पर कोई अपना कापीराइट भी नही दिखा सकता है कि यह लोकगीत उसने लिखा, इसलिए यह आकस्मिक नहीं है कि अनेकों जच्चा, बन्ने, बनड़ी, भजन व गीत आदि ऐसे हैं जो भोजपुरी, खड़ी बोली, राजस्थानी, हरियाणवी, पंजाबी आदि अनेकों बोलियों और भाषाओं में समान रूप से अपने-अपने निजी उच्चारणों के साथ गाये बजाये जाते हैं। इन्हें आज सहेजकर रखना नितान्त अनिवार्य है।

यद्यपि आधुनिक समाज में फिल्मी व विदेशी संगीत के बेइन्तहा बढ़ते प्रभाव के कारण इन लोकगीतों में कइयों की धुनें फिल्मी गानों की धुनों पर भी आधारित है, जिन्हें हमने लगभग छोड़ने का प्रयास किया है। स्त्रियों के मूलभाव व धुनों पर आधारित विभिन्न आनुष्ठानों, पर्वो, व्रतों और त्योहारों आदि पर गाये जाने वाले गीतों को ही हमने अपने अध्ययन के केन्द्र में रखा है। मैंने गली, मुहल्ले, नुक्कड़ आदि में ठेठ ग्रामीण क्षेत्रों की महिलाओं द्वारा गाये जाने वाले गीतों को एकत्रित किया जिन पर कुछ परिचयात्मक व कुछ संमीक्षात्मक टिप्पणियां की हैं, तो कहीं मात्र संकेत देकर छोड़ दिया है। मेरा मानना है कि लोकगीतों का यह क्षेत्र एक बेहद्दी मैदान की तरह है, जहां किसी भी प्रकार की सीमायें उसके अध्ययन और अनुभव में बेड़ियों के समान साबित होंगी। इसलिए इन गीतों का भाव और विस्तार सुधी पाठकों और शोधार्थियों के लिए खुला छोड़ दिया गया है। शोध की अपार संभावनाओं से भरा यह क्षेत्र जीवन्त साहित्य की अनन्त संभावनाओं का मूलाधार बनेगा, ऐसी आशा है। खड़ी बोली, भोजपुरी, राजस्थानी, हरियाणवी, हिमाचली, पंजाबी, गुजराती, गढ़वाली, उड़िया, कुमाउनी आदि बोलियों के लोकगीत का कार्य पूरा हो चुका है, बाकी बची बोलियों के लोकगीतों के संकलन का सतत प्रयास क्रियाशील है।

क्षेत्र-क्षेत्र में घूम-घूमकर इन लोकगीतों को एकत्र करना अति कठिन कार्य था। लगभग सात-आठ सालों के लगातार प्रयासों के बाद लोकगीतों के संचयन, संकलन और अध्ययन के बाद यह कार्य पाठकों के समक्ष प्रस्तुत किया जा सका है। इसमें मेरी माँ समान विदुषी डॉ. आशा किशोर, आन्टी श्रीमती गायत्री देवी, मुकेश, अंजलि, श्रीमती सुशीला राजपूत, श्रीमती सुरेखा, कंचन, कमला, स्वाति बत्रा, मंजीत, प्रकाश, चम्पा, श्रीमती शशि राजपूत ने पूरी सहायता की। अभिन्न सखी अनामिका की प्रेरणा सतत कार्य करने की मूल प्रेरणा है। कम्प्यूटर सहित कई आधुनिक तकनीकी सहयोग के लिए मेरी पुत्रवधू डॉ. सोनम धन्यवाद की

पात्र है। अंत में धन्यवाद पुस्तक के प्रकाशक श्री अजय मिश्रा का जिन्होंने अतिशीघ्रता के साथ 'भारतीय लोक और स्त्रीमन' की इन शृंखलाओं को इतनी जल्दी व लगन के साथ प्रकाशित किया। प्रत्यक्ष या परोक्ष रूप से जो भी सहयोगी हुए, उन सब जाने-अनजाने शुभचिन्तकों का भी आभार।

**–मंजु तँवर**

# 3

# बेहद्दी

सम्पूर्ण सृष्टि में व्याप्त मानवीय लोक-मानस के अन्तर्मन और लोकाचार की सामूहिक श्रेष्ठ अभिव्यक्ति का सबसे सशक्त माध्यम लोक-गीत ही हैं। इन लोक-गीतों में न केवल मानव अपितु प्रकृति, पृथ्वी और असीम व्योम तक के संदर्भ बड़ी सहजता से समेटे गए हैं। इनमें सृष्टि के मूल नियामक स्त्री और पुरुष के सारे अन्तर्सम्बन्ध (मां-बेटा, पति-पत्नी, भाई-बहन, पिता-पुत्री, सास-ननद, जेठानी-देवरानी आदि) अपने कटु और सरस दोनों रूपों में बड़ी बेबाकी और आधिपत्य के साथ व्यंजित हैं। इसके अतिरिक्त इन गीतों में जहां हमारी धर्मिक मान्यतायें अपनी सम्पूर्ण मान्यताओं के साथ अभिव्यक्त हैं, तो समाज में व्याप्त कु-प्रथाओं, अंधविश्वासों आदि का उल्लेख और उनका विरोध भी इन गीतों में वर्णित है।

किसी भी प्रान्त में गाये जाने वाले लोकगीत उस प्रान्त विशेष के आचार-व्यवहार, रीति-रिवाज, सभ्यता और संस्कृति के प्राणतत्व है। राजस्थान में लोकगीतों की एक लम्बी समृद्ध परंपरा है। वह दो प्रकार की है। इस प्रान्त में पेशेवर गायकों की एक भिन्न कोटि का भी प्रभुत्व है, जिन्हें लोक-गीत पैत्रक-सम्पत्ति के रूप में मिलते हैं। इनमें राजस्थान की अनेक व्यावसायिक जातियां (लगा, ढोली, जोगी, भगणियार, मिरासी, फदाली, कलावत, नट, भील, ढाढ़ी आदि) हैं और इन सभी की अपनी-अपनी गायन शैली है। उल्लेखनीय है कि न केवल गायन शैली बल्कि इनमें वाद्ययन्त्र भी भिन्न-भिन्न हैं। जैसे ढोली ढोल बजाकर गाता है, लगे सारंगी के, जोगी तन्दूरे या पुंगी के साथ गाते हैं। गीत के साथ संगीत व वाद्ययन्त्र का प्रयोग इन पेशेवर गायकों की उल्लेखनीय विशेषता है। इन्हें बचपन से ही गाने का अभ्यास कराया जाता है। इनके गीतों में अक्सर सोरठ, मांड, भैरवी, पहरवा आदि राग-रागनियों का नाम भी लिया जाता है, लेकिन ये आवश्यक नहीं कि इन रागों का शास्त्रीय रागों से साम्य हो।

इनमें नामकरण की समानता तो है, लेकिन स्वरायोजन में पर्याप्त भिन्नता है। इन गीतों को स्त्री व पुरुष दोनों ही गाते हैं।

इससे भिन्न राजस्थानी लोकगीतों की अन्य श्रेणी भी है। वह है कि देश के अन्य प्रांतों की भांति राजस्थान में भी भिन्न-भिन्न आनुष्ठानिक संस्कारों पर—जिनमें जन्म व विवाह प्रमुख हैं, विभिन्न पर्वों—होली, दिवाली, ऋतुओं—फागुन, पूस, श्रावण आदि, श्रमगीत व अन्य सामाजिक समारोहों में गाये जाने वाले वे गीत हैं, जो ढोलक, मंजीरे, चिमटे आदि लोकवाद्यों की धुनों पर गली-मुहल्ले, रिश्तेदारों, सखी-सहेलियों द्वारा गाये-बजाये जाते हैं। इनमें देई-देवताओं की पूजा-अर्चना से लेकर नाते-रिश्तेदारों, बांभन से लेकर नाइन, कुम्हारिन, जमादारिन तक के नेक व नाज-नखरों का सामाजिक संदर्भ चलचित्र की भांति व्याख्यायित किया होता है। भारतीय समाज की लगभग समस्त परम्पराओं का निर्वहण इन गीतों में सहज उपलब्ध है। ये गीत जहां समस्त भारतीय समाज में व्याप्त और वांछित, मनुष्यों के अधिकारों का बोध कराते ही हैं, साथ ही उसके कर्त्तव्य-बोध के प्रति भी सचेत करते हैं। भारतीय समाज की संयुक्त पारिवारिक व्यवस्था में मां-बेटी-बेटा, पिता-पुत्र-पुत्री, सास-ननद, देवर-भाभी, देवरानी-जेठानी आदि सभी सम्बन्धों में प्रचलित सहज-स्नेह व उत्तरदायित्व के साथ ही हंसी व उल्लास की व्यंजनात्मक अभिव्यक्ति भी है। इसीलिए ये लोक-गीत कहीं विदग्ध हृदय को सान्त्वना देते हैं, प्रताड़ित को सम्बल देते हैं, पथ-भ्रष्ट का मार्ग-निर्देशन करते हैं और सांसारिकता की ओर सहज भाव से आकर्षित भी करते हैं और धार्मिकता का प्रचार-प्रसार भी करते हैं।

वस्तुतः ये गीत मानव-संस्कृति के सांगोपांग चित्रण के साथ ही सम्पूर्ण मानव-जीवन के शाश्वत मूल्यों को भी व्याख्यायित करते हैं। विभिन्न संस्कारों, पर्वों व समारोहों में ये गीत स्त्रियों द्वारा ही सामूहिक रूप से गाये जाते हैं, जो सामाजिक व सांस्कृतिक मान्यताओं के अंकन के साथ ही समस्त नारी-जाति के मन और उड़ान का प्रत्यक्ष आइना हैं। नारी-मन की समस्त उधड़न और सीवन इन गीतों में अपने सम्पूर्ण कलेवर के साथ अपने अस्तित्व का आभास स्वतः ही कराती है। मैंने इसी श्रेणी के लोकगीतों को अध्ययन का मुख्य आधार बनाया है। यद्यपि आज फिल्मी व अंग्रेजी गीतों का आधुनिक भारतीय समाज में काफी प्रचार व प्रसार हो चुका है, लेकिन ये सच है कि भारत की आत्मा इन्हीं लोकगीतों में बसती है। इसीलिए इन गीतों को साहित्यिक आवरण में संजोने की मेरी प्रबल

इच्छा व संजीदा मित्रों, पाठकों की मांग लम्बे समय से थी। उसी के तहत मेरी सद्यः प्रकाशित पुस्तक 'भारतीय लोक और स्त्रीमन' की पहली शृंखला में जहां 'भोजपुरी के लोकगीतों की विस्तृत व्याख्या करने का प्रयास किया है, तो दूसरी शृंखला में 'खड़ी बोली के गीत' और इस तीसरी में हरियाणवी में इस चौथी शृंखला में 'राजस्थानी के लोकगीतों' को समेटने का प्रयास किया है।

इतनी बोलियों के लोकगीतों का अध्ययन करते हुए मैंने महसूस किया कि उक्त सभी बोलियों के शब्द व उच्चारण भिन्न-भिन्न होने के बावजूद गीतों के मूलभाव में बेहद समानता है। कई गीतों में केवल बोली का भेद है, लेकिन लय व भाव के स्तर पर उनमें कोई भिन्नता नहीं है। शिव-पार्वती के विवाह का गीत-'ऐ बेब्बे पार्वती, तूने शंकर ब्याहने आयेरी' 'राजा गरमी के मारे अंगिया भीगै हमारी'–गीत एवं 'ओ छोले वाले रे गलियों में आके शोरकिया'–बन्ना आदि गीत सारी बोलियों में बहुचर्चित व लोकप्रिय है। ऐसे ही अनेकों अनुष्ठानिक गीत भी लगभग सभी बोलियों में प्रचलित हैं।

टी.एच.हेंडले के अनुसार राजस्थान का आधार बेजैल किनारों वाले एक समचतुर्भुज सा है। राजस्थानी की भौगोलिक स्थिति के अनुरूप ही यहाँ की बोलियाँ हैं। ग्रियर्सन ने इसकी भाषाई सीमाओं को यूं विभाजित किया है–'पूरब में (उत्तर से दक्षिण की ओर चलते हुए) राजस्थानी, पं. हिन्दी की ब्रजभाषा और बुंदेली बोलियों से बांधी है। दक्षिण की ओर (पूरब से पश्चिम की ओर राजस्थानी में बुंदेली, मराठी, भीली, खानदेशी और गुजराती शामिल हैं। मध्यवर्ती क्षेत्र के विन्ध्य और अरावली पर्वत के बीच राजस्थानी बोली जाती है। पश्चिम में (दक्षिण से उत्तर जाते हुए) सिंधी और लबंदा बोलियाँ हैं। उत्तर में (पश्चिम से पूरब) प. हिन्दी की लबंदा, पंजाबी और बागरी बोलियाँ बोली जाती हैं। इन सभी बोलियों के समूह को राजस्थानी कहा जाता है।

राजस्थानी में, जोधपुर, बारमेड़, जालौर, पाली और नागौर में मारवाड़ी बोली जाती है। जयपुर टाँका, कोना, बूंदी, किशनगढ़, अजमेर, झालावाड़ में जयपुरी बोली जाती है। उदयपुर, चित्तौड़ भीलवाड़ा में मेवाड़ी, डूंगरपुर, बासवाड़ा में थोड़ा गुजराती प्रभाव से बागड़ी, अलवर, भरतपुर करौली धौलपुर पर बंगला और ब्रजभाषा का प्रभाव है। अपनी इन विभिन्न बोलियों के साथ राजस्थानी में लोकगीतों की एक समृद्ध परंपरा है। बहादुर राजपूतों की इस भूमि में शूरवीरता, बलिदान, आध्यात्मिकता व समृद्ध लोकसंस्कृति है तो अंधविश्वास भी है। यह जनजातियों से भरा प्रदेश है, जिनका स्वभाव घुमंतू रहा है, इसलिए इसमें

देवी-देवताओं और स्थानीय देवों की बहुतायत है। ऊबड़-खाबड़ जमीन और कठिन जलवायु ने यहाँ के लोगों को साहसी और मजबूत बनाया। राजस्थान वैसे राजे-रजवाड़ों का प्रान्त है। आजादी पूर्व यहाँ के 22 रजवाड़ों में से 17 राजपूतों के थे। सती, जौहर जैसे अति साहसिक कार्य यहाँ की परंपरा थी तो अपने साहसी व बलिदानी राजा-रानी के प्रति यहाँ के लोग आज भी कृतज्ञ हैं और उनकी पूजा करते हैं। राजस्थानी के लोकगीतों में ये सारे रंग अपनी चरम पराकाष्ठा के साथ अभिव्यक्त हैं।

**–मंजु तँवर**

# 4

# देई-देवताओं के गीत

भारतीय संस्कृति में किसी भी शुभ-कार्य को करने से पूर्व इष्ट-देवता की आराधना का विधान है। साहित्य में भी प्रबन्ध-काव्य आदि लिखने से पूर्व देव-आराधना यानि मंगलाचरण आदि का विधान था। राजस्थान समेत लगभग सभी प्रान्तों में कोई भी संस्कार आरंभ करने से पूर्व देव-स्तुति का निर्वाह अवश्य किया जाता है। किसी निश्चित स्थान पर देव स्थाप्ना की जाती है, अक्सर यह कार्य ब्राह्मणी से कराया जाता है। राजस्थान के अधिकांश भागों में बारात चढ़ने के दिन विनायक की स्थापना की जाती है, जिसे 'विनायक व धावणी' कहा जाता है। यहां गणेश, शिव, पार्वती खाटू श्याम, सालासर बालाजी से लेकर रूठी रानी तक के गीत प्रचलित है। मुझे आश्चर्य है कि राजस्थान में खड़े हनुमान जी, काड़े हनुमान जी, पड़े हनुमान आदि अनेकों रूपों में हनुमान की पूजा बहुत अधिक की जाती हैं, अकेले जयपुर शहर में ही लगभग 10 से ज्यादा हनुमान जी के विशाल व भव्य मन्दिर हैं। लेकिन जहां तक लोकगीतों का सम्बन्ध वहां ये प्रसंग मुझे नहीं के बराबर मिले। हाँ सालासर वाले बालाजी (हनुमान जी) व मेंहदीपुर वाले बालाजी की राजस्थान में बहुत मान्यता है अतः देई-देवता के गीतों में इनकी आराधना है। साहासिक कार्य करने वाले राजा, रानी या अन्य महापुरुषों के स्मृति चिन्ह हैं और यहाँ की स्थानीय जनता उन्हें देवताओं के समान पूजती है। कई महापुरुषों की पूजा शंकर-पार्वती, विष्णु, राम आदि के रुप में भी की जाती है।

# देई देवता के गीत

## गीत नं. 1

**देवोत्थान (देव-उठनी) की पूजा उ.प्र., हरियाणा आदि प्रदेशों की भाँति राजस्थान में भी पूजा-पाठ करके देवों का आह्वान करने की प्रथा है–**

उठो देवो बैठो देवो सोटकड़ी सटकावो देवो,
आल घरियाँ पाँच पचेटा ये बहु, रनकमण थारा बेटा।
आल घरियाँ हरव्याये झमिर ये बाई यशोधरा थारा वीर।
जितनी खुटियां टांगुंगी सूत जीवना अंधर जामगा पूत,
जितनी अंधर सिंध सलाई जितनी अंधरकावड़ आई।
जितनी अंकर ठिकरियां जितनी अंधर ठिकरियां.
जितनी अंधर ईटां रोड़ा जितना अंधर हाथी घोड़ा

## गीत नं. 2 (देव उठान का बधावा)

**खड़ी बोली के देव उठनी के गीत का आरंभ भी 'उठ नरैण, बैठ नरैण कुछ इसी प्रकार का आरंभ है।**

म्हार आंगण पन्नामारु मैंदी को रुख,
सेलामारु मैंदी को रुखजाकी तो गुदलीजी गुदली छांवड़ी जी।
जैतल सूत्या जी साजी दशरथ जीरा पूत,
कंवर रामचन्द्र जीरा पूत उपर तान्यों जी प्रेम पछेबड़ो जी।
जाय जगावोजी बाई सुभद्रा थारड़ा बीर,
म्हारो जगायो हजारी ढोलो नाँ जाग जी।
उठ्या उठ्याजी पन्ना मारु अंग मरोड़,
सेलामारु अंग मरोड़ जाणजी कोई कलम जी सुरज उगीयो जी।
थारी बोली जी पन्ना मारू हृदय सरूप।
सेलामारू हृदय सरूप जांणजी अमल्यांरोडाल्यां बोल सुवटोजी।
थारी चलगत पन्ना मारु हृदक सरूप,
सेलामारु हृदक सरुप जाण मगनोसोती हंसती आवधूमतो जी।

## गीत नं. 3 (गणपति वन्दन)

**हिन्दू-धर्म में सर्वप्रथम गणेश-वंदना का प्रावधान है, बाकी सब बाद में–**

महाराजा गजानन्द आवोजी, म्हारी सभा में रस बरसाओ जी ॥
ऊंचे आसन देवा आप विराजो, दुनियां को दरश दिखावो जी ॥
रणथभंवर में आप विराजो, रिद्धि-सिद्धि संग में लाजो जी ॥
न्हाय-धोय देवा आप विराजो केसर तिलक लगावो जी ॥
पारवती के पुत्र गजानन्द, शंकर के मन भावो जी ॥
धूप दीप से करूं आरती, मोदक भोग लगावो जी ॥
भक्तों के प्रभु आप गजानन्द, चरणों की भक्ति दिलावो जी ॥

## गीत नं. 4 (गीत पित्तर जी का)

**पितरो के लिए जोत जलाकर भैंस के दूध से खीर बनाकर, घी का भोग लगाना! पितरो का भोग उ.प्र., दिल्ली, हरियाणा आदि प्रदेशों में बड़े मनायोग से किया जाता है। अपने वंश के पूर्वजों को श्राद्ध वाले दिनों में उनकी मरण-तिथि के अनुसार यह कर्म किया जाता है।**

पितरा थे म्हार आज्यो पितरा पावणा, पितरा भरण भादूड़ा रे मास ओ,
बालकिया पितरा ज्योत संवाई जी नाड चांदणो जी ॥
पितरा ऊंचा तो घालू जी पितरा बेसणा, पितरा लुल-लुल लागूली पांयओ,
बालकिया पितरां ज्योत सवाई जी नाड चांदणो जी॥
पितरा भैंस दुवाऊं जी भूरड़ी, पितरा गुदली सी राधूंली खीर ओ,
बालकिया पितरां ज्योत सवाइ जी नाड चांदणो जी ॥
पितरा चांवल रांधूली ऊजला, पितरा हरिया मूंगा कीसी दाल ओ,
बालकिया पितरां ज्योत सवाई जी नाड चांदणो जी ॥
पितरा पोली तो पोऊं जी पितरा नोगरीं, पितरा तीवण तीस बतीस ओ,
बालकिया पितरां ज्योत सवाई जी नाड चांदणो जी ॥
पितरा घी बरताऊं जी पितरा बाटको, पितरा पापड़ तलूली पचास ओ,
बालकिया पितरां ज्योत सवाई जी नाड चांदणो जी ॥
पितरा थाल परोस जी पितरा कुलबहु पितरा झांझर के झणकार ओ,
बालकिया पितरां ज्योत सवाई जी नाड चांदणो जी ॥

पितरा जीम्या तो चूंट्या पितरा रूप रहूया, पितरा इमरत चलूं ये कराय ओ,
बालकिया पितरां ज्योत सवाई जी नाड चांदणो जी ॥
पितरां म्हे थान गावां हरख सूं, पितरां थे म्हारी आशा मनशा पूरो ओ,
बालकिया पितरां ज्योत सवाई जी नाड चांदणो जी ॥

## गीत न. 5 (गीत पित्तर जी का)

**पितरों के स्वागत में चंपाकली के फूल बखेर कर स्वागत करने की तैयारी**

पितरज आया म्हारी अलीया गलीया, फूल बखेरू चंपा कलीयाजी।
म्हारा पितर भलाई पधार्‌या।
पितरज आया म्हारी गाया र गवाड़, म्हारी गाया धोला बछड्‌या जायाजी,
म्हारा पितर भलाई पधार्‌या।
पितरज आया म्हारी धीयडल्या रे ओर म्हारी धीयडल्या दोयता जायाजी,
म्हारा पितर भलाई पधार्‌या।

## गीत नं. 6 (गीत पित्तर जी का)

**घर के सभी पुरुष सदस्य पितरों को खीर और चावल से जिमाने का प्रसंग।**

मालीका रे खिड़की खोल पितर ऊबा बारण जी,
आओ पितरां बैठो जाजम ढ़ाल कांई तो कारण आईया जी।
थांका बाबासा लिया जी बुलाय मायड़ निवत जिमावसी जी,
रांधूली गुदली सी खीर, ऊपर चांवल चीकणा जी,
जीमो पितरा ऊजलां जी भात ऊपर धबसो खांड कोजी
थांका काकासा लिया जी बुलाय मायड़ निवत जिमावसी जी,
**(इसी प्रकार मामासा, बीरासा का नाम लेते हैं)**

## गीत न. 7 (गीत बालाजी का)

**राजस्थान में सालासर वाले बाला जी और मेंहदीपुर वाले बालाजी की बहुत मान्यता है**

रखडी ते मैं पहर आयी। झुठणा पडया सुनार के।
म्हारी खड़ी रखदयो पालकी मैं जाऊंली बाला साब के।
जाऊंली बाला साहब क धुकाउली नन्दलाल ना ॥
म्हारी खड़ी रखदयो पालकी मैं जाऊंली बाला साब के।
**नोट : इस प्रकार सब गहनों के नाम ले लेते हैं।**

## गीत नं. 8 (बालाजी का)

तुम बालाजी पेचा पेरो, तुर्रा होय कर रहुंगीजी बालाजी,
बालाजी गिरवरधारीजी मैं तुम्हारी दासी,
हंस बोला कुंजबिहारी जी जनम जनम की दासी,
तुम बालाजी कंठा पेरो डोरा होयकर रहुंगीजी,
डोरा होय गला बीच रहुंगी कधीये न जाबा देवुंगी जी बालाजी,
बालाजी गिरवरधारीजी मैं तुम्हारी दासी...
तुम बालाजी जामा पेरो, सुतन होयकर रहुंगीजी बालाजी,
सुतन होय गला बीच रहुंगी, कधीये न जाबा देवुंगी जी बालाजी,
बालाजी गिरवरधारीजी मैं तुम्हारी दासी...
तुम बालाजी मोचडया पेरो मेंदी होयकर रहुंगी जी बालाजी,
मेंदी होय पावों में रहुंगी, कधीये न जाबा देवुंगी जी बालाजी,
बालाजी गिरवरधारीजी मैं तुम्हारी दासी...
हंस बोलो कुंजबिहारी जी जनम जनम की दासी,

## गीत नं. 9 (गीत राणा बाई को (हर नावां का)

**राजस्थान राजे-रजवाड़ों का प्रदेश है। अतः यहाँ अनेकों रानियों राजाओं को भी पूजा जाता है।**

बाईजी थे म्हारे आज्यो कंवर बाई पावणा।
बाईजी भरण भादुड़ा री रात, ये मोटा की जाई।

बाई ये म्हारी रानाबाई, गोबर को छापों जी केसर होय रहयो।
बाईजी ऊचा तो धालू कंवर बाई बेसणा।
बाईजी लुल-लुल लागूली पांव ॥ मोटा की...
बाईजी चांवल रान्दू कंवर बाई ऊजला।
बाईजी हरिया मूंगा की सी दाल ॥ मोटी की...
बाईजी भैस दुवावूं कंवर बाई भूरड़ी।
बाईजी रान्दूली गुदली सी खीर ॥ मोटा की...
बाईजी जीमत निरखू कंवर बाई आंगली।
बाईजी बोलत सुगणी सी जी ॥ मोटा की...
बाईजी जीम्या तो चुठ्या कवर बाई रुच रहया।
बाईजी अमृत चुल ये भराय ॥ मोटा की...

## गीत नं. 10 (खाटु श्यामजी का)

**खाटू श्यामजी का एक भव्य मन्दिर राजस्थान के सीकर जिले में खाटू नामक स्थान पर है, जो दिल्ली से लगभग 260 किलोमीटर है। महाभावत के पात्र भीम के पौडा को बरबरीक, जिन्हें कृष्ण ने अपना नाम दिया था, तब से वह खाटू श्याम जी कहलाये। राजस्थान में इनकी पूजा की जाती है।**

थे म्हार आज्यो पावणा ओ श्याम जी, भरण भादुड़ा रे मास,
खाटुवाला श्यामजी थांकी महिमा भारी जी राज।
ऊंचा तो घालु बेसना श्यामजी लुल लुल लागुली पाय,
खाटूवाला श्यामजी थांकी ज्योत सवाई जी राज।
जामो तो सोवे केशर्‌या श्यामजी दुपटो लाल-गुलाल,
खाटूवाला श्यामजी थांकी महिमा भारी जी राज।
चंढ चढाव चुरमो श्यामजी और चोटीरा नारेळ,
खाटुवाला श्यामजी थांकी महिमा भारी जी राज।
ज्योत सवाई जुग में चांदणो श्यामजी शरण आया न सोरा राख,
खाटूवाला श्यामजी थांकी ज्योत सवाई जी राज।

## गीत नं. 11 (रामदेवजी का)

**कुछ महापुरुषों के कार्यों से प्रभावित होकर राजस्थानी उन्हें देवता मनाने लगे। रामदेव तंवर को कृष्ण का अवतार मानकर पूजा करते हैं। रामदेव का प्रसिद्ध मन्दिर जैसलमेर जिले के पोकरन के पास रामदेवरा में है। कहा जाता है कि उन्होंने संवत् 1575 में जीवित समाधिली थी। राजस्थान के साहित्य सत्कार में मिठास व विनम्रता सर्वविदित है। कँवर जी, ...सा यह गीत रामदेव जी को समर्पित है। दिल्ली के देहातों में भी रामदेव पूजित है। उनके उपदेशों का संग्रह 'वानी' इस बात का प्रमाण है कि वे महान संत थे।**

कठोड़ तो बाजा बाजीया अजमलजी रा चावा।
कठोड़ घुडया छः निशान रुणीजो शहर थांको ओ। कंवर जी।
थाको न थांका बाप को अजमलजी का चावा।
पड ये नगारा की ठोड, रुणीजो शहर थाको ओ। कंवर जी।
देवरा में बाजा बाजिया अजमलजी रा चावा।
मंढ म घुडा छः निशान ॥ रुणीजो शहर।
ये लख आवे थारे यात्रीओं अजमल जी रा चावा।
के लख बालुड़ा री माय ॥ रुणीजो...
नो लख आवे जातरी जो अजमलजी रा चावा।
दस लाख बालुड़ा री मायं ॥ रुणीजो...
कांई तो मांगे बांझड़ी रा चावा।
कांई मांगे बालुड़ा री मायं ॥ रुणीजो...
बेटा मांगे बांझडी अजमलजी रा चावा।
अन्न धन बालुड़ा री माय ॥ रुणीजो...

## गीत नं. 12 (महादेव जी)

**शिव-पार्वती की आराधना/ राजस्थान में भोले भंडारी शिव और गौरी (पार्वती) की पूजा विशिष्ट है।**

महादेवजी ओ बनम अकेला क्यू कर रेवता,
पारबतीजी हुकम करो तो नगर बसाय दू,
म्ह वारी ओ नाथ वारी शिव शंकर जट्टा धारी,

महादेवजी ओ बनम भुक्यालू क्यू कर रेवता।
पारबतीजी हुकम कवो तो चरू चढ़ाय दू। वारी ओ नाथ वारी
महादेवजी ओ बनमे तिशालू क्यू कर रेवता।
पारबतीजी हुकम कवो तो होद खिंदाय दू। वारी ओ नाथ वारी
महादेवजी ओ बनमे निंदयालू क्यू कर रेवता।
पारबतीजी हुकम कवो तो सेज बिछाय दू। वारी ओ नाथ वारी
महादेवजी ओ बनमे खिल्यालू क्यू कर रेवता।
पारबतीजी हुकम करो तो चोपड ढालद्या। वारी ओ नाथ वारी
शिवशंकर जट्टाधारी, पारबती लागप्यारी,
थारी जटा मुकट पर वारी, महादेवजी पलक उघाडी।

## गीत नं. 13 (अजयपाल जी व रुठी राणी जी का)

**राजा अजयपाल की पत्नी सही रानी का महल आज भी उदयपुर से लगभग 40 किलोमीटर की दूरी पर मौजूद है। आज यह एक पर्यटक स्थल है।**

आना सागर बण्या फाई सागर बण्या।
कोई अजब बण्या है चक्कर कुण्डजी।
ओजी अजयपाल जी ओजी रुठी रानीजी।
घड़ी-घड़ी रखवालजी रक्षा म्हाकीं करज्यो जी।
धन का चरू बताज्यो जी, ताब तेज रो टालोजी।
बिंछू मत खाज्यो जी ओजी अजयपाल जी।
बाग बण्या बगीचा बण्या जी कोई अजब बनी गुलक्यारी जी।
ओजी अजयपाल जी ओजी रुठी राणी जी।
महल बण्या माल्या बण्या जी कोई अजब बणया।
छः राम झरोका जी। ओजी रूठी राणी जी।
रानी बनी महारानी बनी कोई अजब बनी है।
रूठी रानी जी ॥ ओजी अजयपालजी...
राजा बण्या महाराजा बण्या कोई अजब बण्या है।
अजयपाल जी। ओ रुठी रानी...

## गीत नं. 14 (खोडा का गणेशजी का)

**जयपुर में खोड़े हनुमान जी का एक भव्य मन्दिर है, लेकिन इस गीत में खोड़ा गणेश का जिक्र है–**

(शनिश्चर देवजी, खोड़ा गणेश जी, डिग्गी कल्याणजी, खाटू श्याम जी)
खोडा का गणेशजी थाकी महिमा भारी जी राज।
डिग्गी का किल्याणजी थांकी जोत सवाई जी राज।
शनिश्चर देवता थांको परच्यो भारी जी राज।
बृहस्पति जी देवता धीणा का धाया जी राज।
थे म्हारे आज्यो पावणा ओ जामी चारभुजा। भरण भादुड़ा री रात॥
खोडा का गणेशजी थाकी महिमा भारी जी राज।
केलख आवे जातरी ओ जामी चारभुजा। के लख बालुड़ा री मायं॥
खोडा का गणेशजी थाकी महिमा भारी जी राज।
नो लख आवे जातरी ओ ज़ामी चारभुजा। दस लाख बालुड़ा री मायं॥
खोडा का गणेशजी थाकी महिमा भारी जी राज।
कांई चढ़ावे जातरी ओ जामी चारभुजा। कांई बालुड़ा री मायं॥
खोडा का गणेशजी थाकी महिमा भारी जी राज।
छतर चढ़ावे जातरी ओ जामी चारभुजा। अन्न धन बालुड़ा री मायं॥
खोडा का गणेशजी थाकी महिमा भारी जी राज।
चढ़र चढ़ावे थांके चूरमा ओ जामी चारभुजा। और चुटयाल्या नारे॥
खोडा का गणेशजी थाकी महिमा भारी जी राज।

## गीत नं. 15 (भूले चूके देवी-देवता का)

**हिन्दू समाज में प्रथा कि सारे देवी-देवताओं की पूजा करने के बाद भूल यदि कोई छूट गये तो उन्हें भूले-भाले देवता कहकर पूजित करते हैं यह गीत कुछ इसी प्रकार का है।**

थे म्हारा आजोजी म्हारा भुल्यां चुक्या देवी देवता पावणा।
भरण भादूडार मास थे म्हार आज्योजी म्हारे भूल्या चूक्या देवी देवता पावणा।

❑

## 5

# जन्म-संस्कार
## (जच्चा-बच्चा)

हिन्दू-धर्म के अनुसार सम्पूर्ण मानव-जीवन को चार अवस्थाओं, (बचपन, युवा, प्रौढ़ा, वृद्धा), चार आश्रमों (ब्रह्मचर्य, गृहस्थ, वानप्रस्थ, सन्यास) और सोलह संस्कारों (गर्भाधान, पुंसवन, सीमन्तोन्नय, जातकर्म, नामकरण, निष्क्रमण, अन्नाप्रकाशन, चूड़ाकर्म, कर्णवेध, यज्ञोपवीत, वेदारंभ, केशान्त, समावर्तन, विवाह, आवसरयाधाम, श्रोताधाम) में बांटा गया है। परन्तु आधुनिक समाज में लुप्त हुई प्राचीन वर्ण-व्यवस्था के परिवर्तन के साथ-साथ विभिन्न अनुष्ठानों पर किये जाने वाले संस्कारों की संख्या भी निरन्तर कम होती जा रही है। अब केवल तीन प्रमुख संस्कार—जन्म, विवाह व मृत्यु ही सर्वसमाज में प्रचलित हैं। राजस्थान में उक्त तीनों ही संस्कारों पर गाये जाने वाले लोकगीत असंख्य हैं। यद्यपि इन संस्कारों को विधि-विधान द्वारा सम्पन्न कराने का दायित्व ब्राह्मणों का व्यापार रहा है तथापि लोक प्रचलित मान्यताओं और अनुष्ठानों का दायित्व गृहणियों का ही रहता है। नारी-समुदाय द्वारा किया जाने वाला यह विधि-विधान लोकगीतों की मधुर धुनों के गायन बिना संभव नहीं हो पाता।

प्रत्येक जीवन की चौरासी लाख योनियों में मानव योनि सर्वश्रेष्ठ मानी गई है। अतः नवजात-शिशु के आगमन से ही अनेकों विधि-विधानों का आयोजन लोकगीतों के माध्यम से किया जाता है। यद्यपि कुछ क्षेत्रों में बच्चे के जन्म से पूर्व भी कुछ विधि-विधान किये जाते हैं, किन्तु पश्चिमी उत्तर प्रदेश के समान ही राजस्थान के अधिकांश भागों में ये चलन नहीं के बराबर है। शिशु के जन्म के बाद ही अधिकांश लोकगीतों को गाने का चलन है, जिसे 'जच्चा का गीत' और 'जच्चावा मंगल' कहा जाता है। नामकरण इसमें प्रमुख है, इसी दिन प्रसूता नवजात शिशु को लेकर जच्चा-गृह से बाहर आती है और नये कपड़े धारण करती है, जिसे 'सूरज पूजणों' कहा जाता है। साफ-सफाई करके पंडितों द्वारा मन्त्रोचार होता है, जिसमें सूर्य की पूजा प्रमुख है। 'जच्चा का गीतों' में संतान के प्रति मनोवांछनायें, गर्भिणी स्त्री द्वारा विभिन्न वस्तुए खाने की इच्छा गीत (जिसे दोहद कहते हैं), प्रसव वेदना के गीत, पुत्र जन्मोत्सव व लोकपरम्पराओं, लेन-देन, मान-मर्यादा, रूठना,मनाना आदि अनेकों भावों के गीत भरे पड़े हैं।

इसके अतिरिक्त 'झडूला चढ़ाने', 'जनेऊ पहनाने आदि संस्कारों के गीत भी चलन में है। लेकिन अन्य प्रदेश की भांति राजस्थान में भी यही विडम्बना है कि आज भी इन संस्कारों का निर्वहण और लोक-गान केवल पुत्र-जन्म पर सम्पन्न होता है, पुत्री जन्म पर नहीं।

बांझ औरते अशुभ मानि जाती हैं। निःसंतान औरतें संतान प्राप्ति के लिए भैरो या भैरव के मंदिर में पूजा करती हैं। यह मंदिर प्रायः खेजड़ी वृक्ष के नीचे होता है। इन वृक्षों की टहनियों पर स्त्रियां अपने पुराने कपड़े खासकर अपनी चोली टांग देती हैं। ऐसा विश्वास किया जाता है कि अपने रोज प्रयोग किए जाने वाले वस्त्रों से एक वस्त्र त्याग देने पर मनोकामना सिद्ध होती है।

भयंकर निराशा और मजबूरी में बांझ औरतें भैरोजी जो शिव का ही रूप माने जाते हैं, के पास जाकर यह विनती करती हैं—

हे भैरोजी, खिलाऊंगी आपको मिठाई रेगिस्तान में उगे गेहूं से बनी
डालूंगी उसमें मक्खन—गाय के दूध से बना।
हे काशी-निवासी, सुनो मेरी विनती
भैरोजी, मेरी ननद ने उड़ाया मजाक मेरा
उनके झूले में झूल रहे हैं लाल
भैरोजी, मैं ही हूं परिवार में पुत्रहीन
भैरोजी, कभी न भीगी मेरी अंगिया दूध से,
न टपकाया लार कंधे पे मेरे लाल ने
हे काशीवासी, सुनो मेरी फरियाद।

यहाँ मातृदेवी को समर्पित अनेक मन्दिर पाये जाते हैं। हर परिवार की अपनी अपनी कुलदेवी होती है। राजस्थान के बाहर बसे राजस्थानी भी पुत्र के मुंडन, विवाह व मनोकामना पूर्ति पर हजारों कि.मी. से आकर भी कुलदेवी को पूजते हैं। पत्थर की सात मूर्तियों (महामाया) मवालिया, बैयानसा, उपरलीरा, भबरन्यास और गोदलियाँ की पूजा संपूर्ण राजस्थान में होती है। रसमें चावल, मोथ या ज्वार का भोग लगाते हैं और राजस्थानी चूंदरी को मेंहदी, रोली, मौली से रंगकर भैंरव को चढ़ाते हैं। भैरव जी की पूजा अनेकों अवसरों पर मनोयोगपूर्वक की जाती है। इसके अलावा राजस्थान में सती केवल पौराणिक कथा नहीं बल्कि इतिहास का हिस्सा है। वीर महिलायें जो पति के साथ चिता में जलमरी या जिन्होंने जौहर किया, उनकी पूजा हर जगह होती है। न केवल स्त्रियों की बल्कि नैतिकता वाले साहित्य कार्य करने वाले पुरुष भी देवताओं की भाँति पूजे जाते हैं।

# जच्चा-बच्चा (जन्म-संस्कार)

## गीत न. 1 (जच्चा)

**जच्चा को कुण्डल, कंढी, चूड़ा, पायल आदि अनेकों आभूषणों का लालच देकर महल में आने के लिए बुलाया जाता है–**

जच्चा ए थारै माथैनैं मैंमद ल्यांया, महलमैं आयवा द्यो।
जच्चा ये थारै कांनानैं कुण्डल ल्याया, महलमैं आय वा द्यो।
नखराली महलमैं आयवाद्यो, छिनगारी महलमैं आयवा द्यो,
ए थारी चानगी मैं चाल पिछाणी महल मैं आयवा द्यो।
गीगौको बापूजी म्हारै कुणउठे, गीगौको बापूजी म्हारै कुणउठे जी
म्हारो रोवै रोवै (मदन गोपाल) आगल थानै कुण खेलौजी ।1।
जच्चा ये थारैं गलेनैं कण्ठो ल्याया महलमैं आयवा द्यो,
जच्चा ये थारै गलेनैं कण्ठो ल्याया महलमैं आयबा द्यो।
नखराली महलमैं आयाबा द्यो ॥2॥

जच्चा ये थारै पूंचानै चुड़लो ल्याया महलमैं आयबा द्यो,
जच्चा थारै पूंचानै चुड़लो ल्याया महलमैं आयबा द्यो।
नखराली महलमैं आयबा द्यो ॥3॥

जच्चा ये थारी कडियांनै दांवण ल्याया महलमैं आयबा दूबो,
ओ ये थारै पीलै मैं सूरज छिपावां महल मैं आयबा दूबो।
छिनगारी महल मैं आयबा दूयो ॥4॥
जच्चा ये थारै पगल्यांनै पायल ल्याया, महल मैं आयबा द्यो,
जच्चाये थारै पगल्यांनै वीछिया ल्याया महल मैं आयबा दूबो।
नखराली महल पै आयावा दूयो, छिनगारी महल मैं आयबा दूयो ॥5॥

## गीत नं. 2 (जच्चा)

**तेज आवाज में बोलना प्रसूता के लिय हानिकारक है। इसलिए कुंडल, कंठी, गजरा, पीले रंग के कपड़े आदि के साथ जच्चा को धीमी आवाज में बोलने के लिए कहा गया।**

मैं मद घड़ाद्यां राज, रखड़ी घड़ाद्यो राज, हां ए थारा कुंडल
बैठ जड़ाद्यां ए जच्चा मधरां वोलो राज। मधरां मधरां बोलो
राज, धीमा धीमा बोलो राज, हां ए थारी जिमड़ली मैं साल
पड़ैगो ए जच्चा धीमा बोलो राज ॥1॥

कंठी घड़ाद्यां राज, हां ए थारै हारामैं रतन जड़ाघां ए जच्चा
मधरां बोलो राज। मधरा बोलो राज, धीमा धीमा
बोलो राज, हा ये थारै माथै चढ़ेगी मथवाड़ ए जच्चा मधरा
बोलो राजा ॥2॥

गजरा घड़ाद्या राज, चुड़लो चितराद्याराज, हा ये थारावंगण
रतन जड़ाद्यां ये जच्चा मधरां बोलो राज, मधरा मधरा
बोलो राज ॥3॥

दांवण सिमाद्या राज, पीलो रंगाद्यां राज, हा ए थारै पीलैंमैं
जाल कढ़ाद्यां ए जच्चा मधरा बोलो राज, हा ये थारी पायलकै
घूंघरा जड़वाद्यां ये जच्चा मधरा बोलो राज। धीमा धीमा
बोलो राज, हा ये थारै घड़ीये घूड़ीका हाजर बन्द ये जच्चा
मधरा बोलो राज। हा ये थारी जीमड़लीमैं साल
पड़ैंगे ये जच्चा मधरा बोलो राज ॥4॥

## गीत नं. 3 (जच्चा)

**पंजाबी प्रभाव वाला गीत है। रंगमहल में जच्चा ने होलर (बच्चे) को जन्म दिया है, सासु सोने की थाली बजाती हैं। थाली बजाने की रस्म दिल्ली आदि में भी चलन है, बेटा पैदा होने पर थाली और बेटी पैदा होने पर बेल्ला बजाते हैं।**

रंग महल विच जच्चा होलर जायो जी, रंग महल बिच जच्चा
होलर जायो जी, सोनैको थाल थारी सासूजी बजायो, थारी
सासूजी बजायो, अलबेली जच्चा ए मारुजी बुलवैजी राज।1।
मारूजी बुलावै थारा हरख करावै ए, मारूजी बुलावै थारा हरख
करावै ए, आडा तो टेड़ा थारै पड़दा घलावै थारै होलर नैं
हुलरावे, अहबेली जच्चा ए मारूजी बुलावै जी राजा ॥2॥
माथैरो परवनै थानो मैंमद ल्यावे ए, माथैरै परवानै थानो रखड़ी
घड़ावै ए, झुठणांरी मोज थारो मनभरियो लगावै, थारो
मनभरियो लगावै, अलबेली जच्चा एमारुजी बुलावैजी राज।3।
मुखड़ैरै परवानैथानै बेसर ल्लावै एगलैरै परवानै थानैं कंठी मां

## गीत नं. 4 (नणद)

**भाई के बेटा होने पर सबसे ज्यादा नेग (उपहार) बहन को मिलते हैं, इसलिए वह खुलकर माँग भी करती है–**

मांगो म्हारा बाईजी, थारो मांगन को दिन आज।
बरतन को के कहवां नणद वाइ चोक को सीणगार।
बरतन मालो बटुओ देस्यां, पिन्दो लेस्यां काड़।
मांगो म्हारा बाई जी. ॥

गणी की के कहवां नणद बाई डबा की सीणगार।
गण माली एक बीटी देस्यां, मीनो लेस्यां काड़
मांगो म्हारा बाई जी. ॥

कपड़ा की के कहवां नणद बाइ पेटी को सीणागार।
कपड़ा माली एक चोली देस्यां टूक्ड़ी लेस्यां काड़।

## गीत नं. 5 (नणद)

**प्रसूता को सौंठ, अजवायन, घी, गुड़ आदि का मीठा पेय दिया जाता है, इसलिए जच्चा के गीतों में इनका जीक्र प्रायः किया जाता है। यहाँ सौंठ जयपुर सेब जीरा दिल्ली से आया है, तो ननद बनारस से आई है।**

कठेसैं आइ सूंठ, कठेसै आयो जीरो,
कठेसैं आयो ये भोली बाई थारो बीरो ॥1॥
जैपुरसैं आइ सूंठ, दिल्लीसे आयो जीरो,
काशीसैं आयो ये भोली भावज म्हारो वीरो ॥2॥
या क्यामैं आइ सूंठ, यो क्यामैं आयो जीरो,
यो क्यामैं आयो ये, भोलीबाइ थारो वीरो ॥3॥
या ऊंटा मैं आइ सूंठ, यो गाडामैं आयो जीरो,
रेलमैं आयो ये भोली भावज म्हारो वीरो ॥4॥
या क्यामैं चाये सूंठ, यो क्यामैं चाये जीरो,
यो क्यामैं चाये ये भोली बाइ थारो वीरो ॥5॥
या जापैमैं चाये सूंठ, यो सागा मैं चाये जीरो,
यो सेजामैं चायेये भोली भावज म्हारो वीरो ॥6॥
या खिण्ड गइ सुंठ यो बिखर गयो जीरो,
यों रूस गयो ये भोली भावज म्हारो वीरो ॥7॥

## गीत नं. 6 (होसलो)

**पुत्र-जन्म पर ननद, सास आदि सम्बन्धियों पर छींटाकशी**

तीख स पाना आमली जामन का जाया,
तीखाओ बीरा तीखा पान खीजूर का जी हां।
मोड़ चखणियांरो रूंख जामन का जाया,
लोदर ओ बीरा लोदर द्यावने खैर भमूंड की जी हां।
आया पाया रतन जड़ायल्यो जामन का जाया,
दावण ओ बीरा दायण घालूं मखतोल की जी हां।
जोड़ सुरही का दोय बैलीया जामन का जाया,
हांकनओ बीरा हांकनबालो (श्री राम) बीर है जी हां।
श्रीराम करबा पलानिया जामन का जाया,
(यशोदरा ए बाई यशोदरा का लनीयारा है जी हां।

धालूंगा खाटा बुजुंगी बातां केरज ओ बीरा कर,
केर कुमांव म्हाकरी भाबजां जी हां।
थारड़ी भाबज पूत जन्यो है तो दिन दस ए बाई,
दिन दस चालो बीर धावना जी हां।
ताता मांडा गींवा लापसी जामन का जाया,
जीमो ओ बीरा जीमो भोनजड़ारी पंत मैं जी हां।
जी जीम्या तो जुठ्ह्य रसरया जामन की जाई,
चालो ए बाई चालो बीर बाधाबना जी हां।
आगलड़ी मेरी नणद सवारी लरया ए बाइ,
लरयां नणद बाई को बीर है जी हां।
दोय जन आवत देखिया मेरी भाबज,
पीड़ो ए भाभी पाटो घरयो धनसाल मैं जी हां।
आओ सासू की जाई बैठजां मेरी नणदल,
करल्यो ए बाई करल्यो अपनो बीहारड़ो जी हां।
ताता मांड़ा गींवा लापसी जामन की जाई,
जीमो ए बाई जीमो बीरां बीरा पंत मैं जी हां।
जीम्या तो जुठ्ह्या रसरया सासुकी जाई,
करल्यो ए बाई करल्यो अपनो बीहारां जी हां।
घाल भतीजा कड़ा बाकड़ा सासूकी जाई,
ज्यूं थांन ए बोई ज्यूं थान देस्यां भूरी झोटड़ीजी।
भूररी झोंट मेर घरां ई घनेरी मेरो मन ए भाभी,
मेरो मन लाग्यो गल को हांसलो जी हां।
थे ना धड़ायो थार बाप ना धड़ायो,
यो ह ए बाई यो छ हठीली धणक बापको जी हां।
टीव तो ओल टीबड़ी सासूकी जाई,
यशोदरा ए बाई नणदा रूसी जाय है जी हां।
आडा तो टेडा श्रीराम होय रह्या जामन का जायां,
रूसड़ी ए बाई रूसड़ी न परतन जानद्यां जी हां।
दोय जन आवत देखिया मेरी भावज,
लुकी ए भाभी लुकी पीछोकड़ जायकड़ जी हां।
माथ न मैंमद पैरले जामन की जाई,
ऊपर ए बाई उपर झवरक झूठना जी हां।

बल न हारज पैर ले जामन की जाई,
उपर ए बाई उपर हार हीरां लख्यो जी हां।
बईया न बाजूबन्द पैर ले जामन की जाई,
चूड़लौ ए बाई चूड़लौ हंसती दांत को जी हां।
कडिया न दावण पैर ले जामन की जाई,
उपर ए बाई उपर वोरंग चूनड़ी जी हां।
पागल्यां न पायल पैर ले जामन की जाई,
नाना ए बाई नाना बाज वीछीया जी हां।
इतना तो गणा मेरी आवाज न परावो,
तो ज्यू घरओ बीराज्यूं घरसोब मेरबापको जी हां।
खोल दरब को कोथलो जामन का जाया,
मन चाये बाई मनचायो सो मांगलो जी हां।
अरब दरब मेर घरां ही घनेरो तो मेरा मन,
ओ बींरा मेरो मन लाग्यो भाभी का हांसल जी हां।
दे दे मेरी साई धण हांसलो मेरी गोरी,
मेर ए गोरी मेर ल्याये की लज्जा राखल्यो जी हां।
ये ल्यो सासूकी जाई हांसलो मेरी नणदल,
ओरुंए बाई ओरुं मत आज्यो म्हार बार न जी हां।
आस्यां तो जास्यां मेर बापक मेरी भावज,
थार ए मामी थार तो बांब डगर लात की जी हां।
वीरो तो मेरो लाखां को ब्योपारी,
भावज ओ मेरी भावज कटका माली कुकड़ी जी हां।
वीरो तो मेरो हंस सरवर है भावज ओ,
मेरी भावज ओछ पानी मींडकी जी हां।
वीरो तो मेरो सेजांरो निवासी,
भावज ओ मेरी भावज बांबकुन छिपकली जी हां।
आवज की भावज धी जनो जामन का जाया,
के गत ओ बीरा के गत जान सासू नणद की जी हां।
मेरड़ी भावज पूत जन्योह तो बनसज ओ,
बीरा वंश बधायो मेर बाप को जी हां।
नणद हठीली को बीर हठीलो,
तो अकड़कर ओबीरा अकड़्यायो बाइन हांसलो जी हां।

## गीत नं. 7 (गीगलो)

### बाबुल और नीरा के घर में भतीजे के होने से खुशी की फुहारें फूट पड़ी

बा तो महलां म सुती बाईन सुपनी सो आयो,
म्हार बाबुल घर म आनन्द हुयो है,
म्हार बीरांक घर म आनन्द हुयो है,
गुलझार न निरखण भुवा बाई आई ।टेक।
बा तो उठ सवारी बाई सोनीड़ाक चाली,

सोनी कड़ा बांकड़ा धड़दे मेर भतिज क ताई ।गुल.।
बा तो उठ सवारी बाई खरीदी क चाली,
खरीदी लट्टू बंगु करदे मेर भतिज का ताई ।गुल.।
बा तो उठ सवारी बाई दरजीड़ क चाली,
दरजी झुगल टोपी करदे मेर भतिज क ताई ।गुल.।
बा तो उठ सवारी बाई हलवाई का चाली,
हलवाई लाडू-पेड़ा करदे मेर भतिज क ताई ।गुल.।
बा तो उठ सवारी बाई सासूजी पा चाली,
सासूजी मैंदी मड़ादो मेर पीवरीय जाऊंगी ।गुल.।
बा तो उठ सवारी बाई सुसरोजी पा चाली,
सुसरोजी गाड़ी जुड़ादो मेर पीवरीय जाऊंगी ।गुल.।
बा तो पोलीमंजातां बाईकी भाबज मीलगी,

बाईजी थे क्यूं आया म्हार धीये धनेरी ।गुल.।
बा तो चार टक्कां का बाई झुगला-टोपी ल्याई,
म्हार पेटीमाला कपड़ा बाई ठगवान आई ।गुल.।
बा तो चार टका का बाई कड़ा बाकड़ा लाई,
म्हार डब्बामाला गणा स ठगवान आई ।गुल.।
बा तो चार टक्का का बाई लट्टू-वंगु लाई,
म्हार कमरमाला खिलौना बाई ठगवान आई ।गुल.।
बा तो चार टक्का का बाई लाड्डू-पेड़ा लाई,
म्हार गुंद सूंठ का लाड्डू बाइ ठगवान आइ ।गुल.।

## गीत नं. 8 (गीगलो)

### हाथ में झुनझुना और सोने की फिरकी पोता होने की खुशी में

हाथ म झुंझनियो र गीगो दादोजी पा जावगो,
दादोजी उमराव गीग न फिरकी मंगाद्यो जी,
फिरकी सोन की, फिरकी सोन की—
दादीजीर पोतक हाथां सोंव जी, फिरकी सोन की ॥
हाथ म झुंझुनियो र गीगो ताऊजी पा जावगो,
ताउली उमराव गीग न फिरकी मंगाद्यो जी,
फिरकी सोन की, फिरकी सोन की—
ताईजी र प्यार का हाथां सोवजी, फिरकी सोन की ॥

## गीत नं. 9 (सिंगड़ो[1])

### मन को न माने वाली जगह पर जाने में आनाकानी

सुसराजी आग विनती सिंगाडो भाव,
जेठसा आग बिनती सिंगाडो भाव।
म्ह नही जाणा म्हारी कूलबहू बो कठ निपज,
निपज ह समंद तलाव जी पाणी निपज,
हरीयो गुलाबी बी को रंग जी अंदर से धोलो,
खाबाम बडो ये सवाद जी बो मीठो लाग।
सायबजी आग बिनती सिंगाडो भाव,
देवरजी आग बिनती सिंगाडो भाव,
म्ह नही जाणा म्हारो गोरी बो कठ निपज,
म्ह नही जाणा म्हारो भावज बो कठ निपज।
निपज ह समंद तलावजी पाणीम निजप,
हरियो गुलाबी बिको रंग अंदर से धोलो।
खाबा म बडो ये सवाद जी बो मीठो लाग ॥

1. राजस्थानी में सिंगड़ो का अर्थ है शेर के समान बच्चा।

## गीत न. 10 (जामुण्या)

**मास दर मास गर्भिणी का स्वाद बदलता रहता है। जामुण्या की माँग।**

पेलो मास प्यारी धणन लाग्यो, दुजो मास प्यारी धणन लाग्यो।
तो थुकतडा मन ज्यायरे बाल भोल मन ज्यायरे।
पिया रतनागर, छेला रतना गर जामुण्या मंगाय दो।
हाता रा तोडी जामूण परतन भाव, तो सोनार चिटीय तुडाय द्यो।
रेशम दुपट बिछाय द्यो पिया रतनागर, छेला रतना गर जामुण्यां मंगायदो।
इगन्यो चोथो मास प्यारी धणन लाग्यो,
पाचवो छट्टो मास प्यारी धणन लाग्यो।
राब दह्या मन जाय रे, लापसड्या मन जाय रे।
पिया रतनागर छेला रतनागर जामुण्या मंगादो।
आ तो साद भली छ मारूणी, सासूजी रली ये पुराय रे,
पचधारी रांध जिमाय रे।
पिया रतनागर छेला रतनागर जामुण्या मंगाय दो।
सातवो आठवो मास प्यारी धणन लाग्यो नो दस मास प्यारी धणन लाग्यो।
घेवरीया मन ज्यायरे, ओबरीया मन जाय रे।
पिया रतनागर, छेला रतनागर जामुण्या मंगाय दो।
आ तो साद भली छ मारूणी, बाईसा रलीये पुराये रे,
घेवरीया छाट जिमाय रे।
पिया रतनागर, छेला रतनागर जामुण्या मंगाय दो।
आ तो साद भली छ मारूणी, बेमाता रलीये पुराय रे,
गीगा से शबद सुणाय रे,
पिया रसना गड, छेला रसना गड जामुण्या मंगाय दो।

## गीत नं. 11 (सीताफल)

**गर्भावस्था के दौरान स्त्री का खान-पान का स्वाद बदल जाता है, यहाँ सीताफल की माँग है।**

सुसराजी पुछ जी सासुजी पुछजी,
बहू थान काई काई भाव आज, म्हान तुरत बताद्योजी,
अन्न नहीं भावजी, म्हारो जीव घबरावजी,
ओ जी म्हार पेट पड़्यो नंदलाल सिताफल भावजी ॥1॥
जेठजी पुछजी, भाभीसा पुछजी,
बहू थान काई काई भाव आज म्हान तुरत बताद्योजी,
नींबू ऽऽऽ भावजी नारंगी भावजी,
ओ जी म्हार पेट पड़्यो नंदलाल सिताफल भावजी ॥2॥
**(इस प्रकार घर वालों का नाम लेना)**

## गीत नं. 12 (जलेबी)

**गर्मागर्म दूध के साथ गर्म जलेबी का स्वाद सबको भाता है। यहाँ भी जच्चा अपनी सास से ये ही माँग रही है।**

सासूजी गरमा गरम जलेबी, गरम भी चाहिये दूध।
सासूजी खाय जणाला छोटासा नंदलाल।
बहू ये बाजरा की रोटी और गवार फली को साग।
बहू ये खाय जण्या छा, थारोडा भरतार।

## 13. मतीरा*

### जेठ, ससुर आदि से मनुहार

सुसराजी आगे अरज करूला, ल्याद्योजी सुसराजी म्हान हरियो मतीरो,
हरियो मतीरो, गुलाबी गीरी को, तो ल्याद्योजी सुसराजी म्हान हरियो मतीरो,
जेठजी आग अरज करूला तो ल्याद्योजी जेठजी म्हान हरियो मतीरो,
हरियो मतीरो लाल गीरी को, तो ल्याद्योजी जेठजी म्हान हरियो मतीरो,
थे खावो ये बवड, सांभरी फीणी, थे खाओ वे बवड नखछोल्या नींबू,
तो इण ऋत ये बवड म्हारी नहीं छ मतीरो।

* मतीरा तरबूज की तरह का एक राजस्थानी फल है, जो कम पानी वाली जगहों पर उगता है।

## गीत नं. 14 (मास)

### गर्भिणी का मास-दर-मास वर्णन

मारूणी रात गई आधी रात, बागाक बिच क्यू फिरोये घर नार।
मारूजी लाग्यो धणन पलो मास, बीजोरो बावण धण गई जी म्हाका राज।
मारूजी लाग्यो धणन इग्न्यो चोथे मास ॥ बीजोरो बावण धण...
मारूजी लाग्यो धणन पाचवो छट्टो मास ॥ बीजोरो बावण धण...
मारूजी लाग्यो धणन सातवो आठवो मास, ॥ बीजोरो बावण धण...
मारूजी लाग्यो धणन पुराजी मास ॥ बीजोरो बावण धण...
मारूणी थे खाओ दाडम दाख, बीजोरो खाटो लागसी घर नार।
मारूजी दाखा की निपजली धीय, बीजोरो म गुण धणोजी म्हाका राज।
मारूणी थे म्हान बात बताय, बीजोरो म्हेई ल्यावश्या घर नार।
मारूजी निपज सावणीयारा मास, भादू महिना रस भर जी म्हाका राज।

## गीत नं. 15 (मालपूवा)

### माँग की मालपूवा की और मंगा दिये दही, मिर्च....

जच्चान पेला मास लाग रह्यो, जच्चा दूजो मास लाग रह्यो,
ले द्यो ले द्यो जी सासूजी म्हान मालपूवो,
थे तो थे काई ये बवड जुलम किया,
परबारो मंगाय लियो दही को बडो,
उपराड मंगाय लियो मिरच बडो।
थे तो थे काई ओ सासूजी इतना लडो,
कोरो नही भाव म्हान मालपूवो,
परबारो मंगाय लियो दहि को बडो।
**(इस प्रकार मास का नाम लेना)**

## गीत नं. 16 (ताला खिड़काने का गीत)

### जच्चा खाने के बाद, दाई, जोशी, मुम्भकार व सम्बन्धियों का जिक्र

तालो तो किण खिड़कावियोजी म्हारे माझलड़ी सी रात।
तालो—जच्चा खिड़कावियोजी म्हारे माझलड़ी सी रात ॥टेर॥
जागो जी भंवर निदालुड़ाजी थारो पिलंग परो सरकाय।
जायो छै पूत सुलखणोंजी म्हारे ॥2॥
दाई माई बेग बुलाय, दाई माई म्हारी थे भलाजी म्हारे।
हालरिया रो सबद सुणाय, जायो छै पूत सुलखणोंजी म्हारे ॥3॥
नाई को बेग बुलाय, नाइ का म्हारा थे भला जी म्हारे।
हालरिया ने उबट न्हवाय, जायो छै पूत सुलखणोंजी म्हारे ॥4॥
जोशी को बेग बुलाय, जोशी का म्हारा थे भलाजी म्हारे,
कूमठ को बंग बुलाय, कूमठ का म्हारा थे भलाजी म्हारे।
कुम्भ कलश ले आय, जायो छै पूत सुलखणोंजी म्हारे ॥6॥
दरजी को बेग बुलाय, दरजी का म्हारा थे भलाजी म्हारे,
हरियो सुवग्ड़ो लाय, जायो छै पूत सुलखणोंजी म्हारे ॥7॥
खाती को बेग बुलाय, खाती का म्हारा थे भलाजी म्हारे।
पालणियो घड़लाय, जायो छै पूत सुलखणोंजी म्हारे ॥8॥
ढोली को बेग बुलाय ढोली का म्हारा थे भलाजी म्हारे,
दरवाजे ढोल बजाय, जायो छै पूत सुलखणोंजी म्हारे ॥9॥
सासूजी बेग बुलाय, सासूजी म्हारा थे भलाजी म्हारे,
न्हावणरी लपसी रंधाय, जायो छै पूत सुलखणोंजी म्हारे ॥10॥
बाईजी बेग बुलाय, बाई सा म्हारा थे भलाजी म्हारे,
सालां में सांठया पुराय, जायो छै पूत सुलखणोंजी म्हारे ॥11॥
भाभीजी बेग बुला, भाभीजी म्हारा थे भला जी म्हारे,
हालरिया रा गीत गवाय, जायो छै पूत सुलखणोंजी म्हारे ॥12॥
नायण बेग बुलाय नायणजी म्हारा थे भलाजी म्हारे,
बांदरवाल बंधाय, जायो छै पूत सुलखणोंजी म्हारे ॥13॥
साहबजी बेग बुलाय केसरिया म्हारा थे भलाजी म्हारे,
मोहरां से मूंठ भराय, जायो छै पूत सुलखणोंजी म्हारे ॥14॥

## गीत नं. 17 (बधाई का गीत)

**शुभ मौकों पर बधाई देने-लेने की परंपरा संपूर्ण भारत में है, लेकिन राजस्थान का मिठास कुछ अलग ही है।**

जी थे तो सामली हथायां बेठ्या जी बाइसा रा बीरा।
जी थांने झमक बधाई मेलाजी, बाईसा रा बीरा,
जी थांके धीय हुई घर आवोजी बाईसा रा बीरा॥टेर॥
हे म्हाने साथीड़ा में लाजां मार्‌या हे म्हारी सांवली शहजादी।
हे थारे खरड़ीरा परदा ताणां हे म्हारी सांवली शहजादी।
हे थांके गुड़की पातरंधावां हे म्हारी सांवली शहजादी।
हे थारे टूटी खाट बिछावां हे म्हारी सांवली शहजादी।
ये थाने नितका पीहर भेजू ये म्हारी सांवली शहजादी।
ये थाने कदेयन लेबा आवां ये म्हारा सांवली शहजादी।
हे थांने रेकारे बतलावां हे म्हारी सांवली शहजादी।
हे थांने मना उतारी राखां हे म्हारी सांवली शहजादी।
हे थांने कदे ना पीहर भेजा हे म्हारी सांवली शहजादी।
हे थांने जीकारे बतलावां हे म्हारी सांवली शहजादी।
हे थांकी मोहरां से मूंठ भरावा हे म्हारी सांवली शहजादी।
हे थांकी गिंदोला सूं गोद भरावां ये म्हारी सांवली शहजादी।

## गीत नं. 18 (दाई का गीत)

**पुराने समय में प्रसव अस्पतालों में नहीं कराया जाता है। घर पर ही 'दाई' यह काम करबाती थी। आज भी अधिकांश ग्रामीण इलाकों में दाई ही प्रसव कराती हैं।**

ओ म्हार सार रमता पिव, पासा दूर करो बेल्या
ये म्हारी आधसरीसी नार, थारो क्यारे दुःख बेल्या।
ओ राजा केबा सुणबाकी नहीं बात, केता लाज मरा बेल्या।
ये गोरी देवर जेठारी लाज, पियाजीरी लाज किसी बेल्या।
ओ राजा कसमस दुख ह पेट, कमर में चिस चले बेल्या।
ओ राजा होय घुडल असवार, दाई न लेर आओ बेल्या।

ओ राजा पूछ पाणीरी पिणीयार, छाणीरी छिणयार, दाई रो घर किशो बेल्या।
ओ राजा सूरज सामी पोल, आंगण एलची बेल्या।
ओ राजा बेठी दुलीच्रो ढाल, बोल गर्व भरी बेल्या।
ओ राजा काई रे दुलीची थारी माय, काई थारी भावजी बेल्या।
ये दाई नही ह दुलीची म्हारी माय, नही म्हारी भावजी बेल्या।
ये दाई आधसरीसी नार, धणी ये दुलीचडी बेल्या।
ओ राजा जे थार जनमला पूत, हमसे कोल करो बेल्या।
ये दाई जे म्हार जनमेला पूत, अगड घड़ावश्या बेल्या।
ये दाई जे जनमेला धीय, चूंदड ओढावश्या बेल्या।
ओ राजा झिरमीर बरसेला मेय, भीज म्हाकरी चुंदड़ी बेल्या।
ये दाई तू म्हारी छतरी ओढ, उघाडा म्हे रे चला बेल्या।
ओ राजा धूप पड कराल, दाज म्हारा पांवल्या बेल्या।
ये दाई तू घुडल असवार, उबाणा म्हेर चला बेल्या।
ओ राजा दाई दाई पलसार माय, सांड धूडकिया बेल्या।
ओ दाई पूछ हालरिया रा बाप, सुगन भला हुया बेल्या।
ओ राजा दाई आई पलसारे माय, पदारथ जनम लियो बेल्या।
ओ राजा दाई रो मोटो पेट, जच्चा म्हारी लाज मर बेल्या।
ओ राजा दाई री आख्यां गीड, जच्चा म्हारी सुक मरे बेल्या।
ओ राजा दाई री पटल्या सुंठ दाई थारी चोरटी बेल्या।
ओ राजा हो कोई देवर जेठ, दाईन देवो रे धक्को बेल्या।
ओ राजा आंगणमूंग बखेर, दाई थारी रपट पड बेल्या।
ये दाई डाकी चोबारारी भिंत, बारा गजरो डागलो बेल्या।
ओ राजा टूटयो हिवड़ा हार, गोड़ा री फूटी ढाकणी बेल्या।
ओ राजा बुलाओ हालरीयारा बाप, हमसे कोल कर्यो बेल्या।
ओ राजा माथज मिणीयारी पोट वासुदेवजी
(नान्या के पिताजी का नाम) पाय पडे बेल्या।
ये दाई हसी ये खुशी घर जाय, ओर बुलावश्या बेल्या।
ओ राजा सुगणो हालरिया रो बाप, नुगरी मायडी बेल्या।
ये दाई हसी ये खुशी घर जाय, गोरी भोली घणी बेल्या।

## गीत नं. 19 (पीला का गीत)

**जच्चा का परिधान (ओढ़ना, चुनरी) पीलो कहलाता है। वह मायके या ससुराल से शगुन के तौर पर आना है।**

पहलो 'मासा जच्चा न लाग्यो, बाल मोल मन रलियो जी,
दूजो मास जच्चा न लाग्यो, थूकतड़ा मन रलियो जी,
बाल मोल मन रल्यो भंवर म्हान, पीलो रंगाद्यो जी, पीलो जयहिन्द को।
पीलो जयहिन्द को सासूजी रा जाया बैठ रंगाद्यो जी, पीलो जयहिन्द को।
अल्ला पल्ला बंधन बंधायद्यो, अधबिच चांद छिपायद्योजी,
घूंघट ऊपर भारत माता, शोभा भारी जी, पीलो...।
पीलो जयहिन्द को बाईसा रा बीरा, बैठ रंगायद्यो जी, पीलो...।
इगन्यो मास जच्चा ने लाग्यो, खीर खांड मन रलियो जी,
चौथे मास जच्चा न लाग्यो, लापसड़्या मन रलियो जी,
खीर खांड मन रल्यो भंवर म्हान पीलो रंगाद्यो जी, पीलो...।
पांचवों मास जच्चा न लाग्यो, छाछ राब मन रलियो जी,
छठो मास जच्चा न लाग्यो, नींबूडा मन रलियो जी,
नीबूड़ा मन रल्यो भंवर म्हान पीलो रंगाद्यो जी, पीलो...।

## गीत नं. 20 (बधाई)

**सब को बधाई देने की परंपरा**

नाई का तू चाल उतावला रे, निमडला री डाली हात।
वासूदेवजी न दूयो रे बधावणोरे, बवड थारी जायो छ पूत।
जेठजी न दूयो रे बधावणोरे, बवड थारी जाये छ पूत।
देवरजी न दूयो रे बधावणोरे, भाभी थारी जायो छ पूत।
जेठूता न दूयो रे बधावणोरे, काकी थारी जायो छ पूत।
बाईजी न दूयो रे बधावणोरे, भाभी थारी जायो छ पूत।
बवड म्हारी न अघड घडावश्याजी, नाईकान सोहन मुरक्या कान।
बवड म्हारी न लाडूडा संधावश्याजी, नाईकान जीनवासा भात।
बवड म्हारी न पीलो रंगावश्याजी, नाईकान पंचरंग पाग।
नाईका तू चाल उतावला रे, निमडलारी डाली हात।

(पिताजी)...जी न दयो रे, बधावणोरे धीयड़ थाकी जायो छ पूत।
काकाजी न द्यो रे बधावणोरे, भतीजी थाकी जायो छ पूत।
बीराजी न द्यो रे बधावणोरे, बेनड थाकी जायो छ पूत।
मामीजी न द्यो रे बधावणोरे, भाणजी थाकी जायो छ पूत।
बेनड न द्यो रे बधावणोरे, बेनड थाकी जायो छ पूत।
धीयड म्हारी न अघड घडावश्याजी, नाईकान सोहन मुरक्या कान।
धीयड म्हारी न लाडूडा संधावश्याजी, नाईकान जीनवासा भात।
धीयड म्हारी न पीलो रंगावश्याजी, नाईकान पंचरंगा पाग।

## गीत नं. 21. जापा का गीत

**प्रसव-पूर्व पीड़ा से गर्भिणी घबरा जाती है कि वह नहीं बच पायेगी, इसलिए अपना सब कुछ किसी-किसी को सौंपने की बात करती है।**

मांडयो मांडयो जी चटापट ख्याल पासा पलट पड़या।
चाली चाली जी कमर में पीड़ अब म्हारो नहीं जीवणो ॥
म्हारा सासूजी ने उरा बुलाय घर बार सोंपू परा।
चाली चाली जी कमर में पीड़ अब म्हारो नहीं जीवणो ॥
म्हारा भाभीजी ने उरा ये बुलाय धन दौलत सौपूंजी परा।
चाली चाली जी कमर में पीड़ अब म्हारो नहीं जीवणो ॥
म्हारी दौराणी ने उरी ये बुलाय काम काज सौंपूजी परा।
चाली चाली जी कमर में पीड़ अब म्हारो नहीं जीवणो ॥
म्हारी सोतड़ल्यां ने उरी ये बुलाय सायबजी ने सोंपू परा।
चाली चाली जी कमर में पीड़ अब म्हारो नहीं जीवणा ॥
मांडयो-मांडयो जी चटापट खेल पासा सुलझ गया।
जायो जी पलक नन्दलाल अब म्हारो भल जीवणो।
म्हारा सासूजी ने उरा ये बुलाय घर बार लेऊंजी परा।
म्हारा भाभीजी ने उरा ये बुलाय धन दौलत लेऊंजी परा।
म्हारा दौराणी ने उरी बुलाय कामकाज लेऊंजी परा।
जायो-जायो जी अबैं नन्दलाल अब म्हारो भल जीवणो।
म्हारी सोतड़ल्यां ने उरी ये बुलाय सायबजी ने लेऊ जी परा।
जायो जायो जी पलक नन्दलाल अब म्हारो भल जीवणो ॥

## 22. नान्या का गीत

### नेग देने से नाटना, मँहगाई और पिया के बाहर जाने का बहाना बनाना

आछी महगाई में जलम्यो रे लाला कैसे सबरी।
सासूजी आवे थाल बजावे मांगे अपना नेग, नेग वेग कुछ नही सासूजी,
पिया गये परदेश, चाबी ले गया रे सजनिया कैसे सबरी ॥1॥ आछी महगाई
भाभी आवे दिवलो जुपावे मांगे अपना नेग, नेग वेग कुछ नहीं भाभीसा,
पिया गये परदेश, चाबी ले गया रे सजनिया कैसे सबरी ॥2॥ आछी महगाई
दिवराणी आवे पलंग बिछावे मांगे अपना नेग, नेग वेग कुछ नहीं दिवराण ी,
पिया गये परदेश, चाबी ले गया रे सजनिया कैसे सबरी ॥3॥ आछी महगाई
बाईसा आवे साठ्या पुरावे मांगे अपना नेग, नेग वेग कुछ नही बाईसा,
पिया गये परदेश, चाबी ले गया रे सजनिया कैसे सबरी ॥4॥ आछी महगाई
पाडोसण आवे मंगल गावे मांगे अपना नेग, नेग वेग कुछ नहीं पाडोसण,
पिया गये परदेश, चाबी ले गया रे सजनिया कैसे सबरी ॥5॥ आछी महगाई

## गीत न. 23 (पालना का गीत)

### नवजात शिशु का पालना ऊँचा डालने को कहना

उचो घालू पालणो जी जल जमुना क तीर,
झोटा देव सायबा म्हारी सगी नणंद का बीर,
गीगा घडीक सोजा रे, थारी रे बलीहारी गीगा घडीक सोज रे ॥
चावल मुंगाकी खिचड़ी जी घी का रेला बेय,
म्हे म्हारो गीगो जिमश्या कोई उभा देख पीव ॥1॥ गीगा घडीक सोजारे
जाऊली बजार में ल्याऊला एक चीज,
देऊ म्हारा हालरियान सो जाव न चीत ॥2॥ गीगा घडीक सोजारे

अठी सुतो हालरियो, अटी सुता पीव,
दोन्या क बिचोकड म्हारो नाजूकडो सो जीव ॥3॥ गीगा घडीक सोजारे
दूध मांग हालरिया, पसवाडो मांग पीव,
काई करू म्हारा सायबा, म्हारो दोन्या कानी जीव ॥4॥ गीगा घडीक सोजारे
दूध देशा हालरियो, पसवाडो देश पीव,
दोन्याक बिचोकड म्हारो नाजूकडो सो जीव ॥5॥ गीगा घडीक सोजारे
लाल पडोसन तू म्हारी बेनड घडी एक गीगो राख,
लाडू देशू गूंद को कोई सं जलवा की रात ॥6॥ गीगा घडीक सोजारे
झिर मिर झिर मिर मेवा बरसे, आंगण मच रह्यो कीच,
गोद्या ले लो सायबा, म्हारो जायोडा में जीव ॥7॥ गीगा घडीक सोजारे
धण मेला सू उतरी, सोना का कंगण हात,
जबर चरूट्यो भर लियो चंद्रावल मसले हात ॥8॥ गीगा घडीक सोजारे

## गीत न. 24 (बधाई)

**ननद द्वारा कंगना माँगना और भाभी द्वारा माँगटीका, नैकलेस, गजरा, घड़ी, पायल आदि सभी आभूषण न मागने को कहना, अंत में पैसे भी नहीं बस तिलक करके वापस जाने की सलाह।**

भाभी जाया ललना नणंद मांगे कंगना
थे दिल चाहे मांगो बाईसा लाल की बधाई।
थे मन चाहे सो मांगो भतीजा की बधाई ॥
रखडी मती मांगो बाईसा शीश को सिणगार है। थे मन...
नेकलेस मती मांगो बाईसा गला को सिणगार है। थे मन...
गजरा मती मांगो बाईसा हात को सिणगार है। थे मन...
घड़ीया मती मांगो बाईसा पुणच्या को सिणगार है। थे मन...
पायल मती मांगो बाईसा पगल्या को सिणगार है। थे मन...
एक रुपैयो म्हारा सुसराजी कमायो,
अठन्नी ले लो बाईसा म्हारा लाल की बधाई।
आर अठन्नी म्हारा जेठसा कमाई,
चवन्नी ले लो बाईसा म्हारा लाल की बधाई।

आर चवन्नी म्हारा सायबजी कमाई, दो
अन्नी ले लो बाईसा म्हारा लाल की बधाई।
आर दुअन्नी म्हारो जेठूते कमाई,
एकन्नी ले लो बाईसा म्हारा लाल की बधाई।
आर एकअन्नी म्हारो लाल गुमाई,
थे कूंकू तिलक जाओ बाईसा आई है बधाई।

## गीत नं. 25 (बधावा)

### बधाई देने में राजा दशरथ व रामचन्द्र जी का प्रसंग

थांको राज इब छल रहीजो दशरथ जी।
रामचन्द्र जी थां घर अमर बधावणा।
थांका महल ऊपर मोर बोले। कोयल शब्द सुहावणा।
थांका छप्पर पलंग पर कंवर खेलै। दासी जी ढ़ोले बायरो।
थांकी राम रसोई में राजन जीमै, थाल परोसे थांकी गोरड़ी।
थांका अदन बदन दोय चिड़िया जी बोले, अदबिच बोले हरियो सूवटो,
थांका पांवल्या दोय पदम लिखिया, गौरी का घूंघट ऊपर घूधरा।

## गीत न. 26 (बियाई)

### पुत्र-जन्म पर जश्न इसलिए भी अधिक है कि वह वंश को आगे बढ़ाता है।

जलमियो ए जच्चा लाडग पूत, वंश बचायो तेरे सुसरै को जी,
सासु ओ स्हारै ओबरड़ै आज मन्दिर दिक्लो म्हारै जोइयो जी,
मन्दिर दिबलो म्हारै सासूजी जोवै, दाईनैं झट दे बुलाइयो,
दाई तो माई न्हारै पोल पहेटी होलर सबद सुनाइयों,
सोहन कुण्डैमैं गंगाजल पाणी होलर ऊबट न्हुबाइयो,
म्हारै हिये भीतर हरख उपज्यो जद म्हे सासुजी बूलाइया ।1।
बाईजी जो म्हारो सुसरोजी बुलाय आंगण म्हारौजातकरम करै जी,
इन बिपरांनै गउ दान देस्यां और निरमल धोतियां,
रोफ रुपैयो बांके हाथ देस्यां और लाडू खांड़का,
म्हारै हियेमीतर हरख उपज्यो जद म्हे सुसरो जी बुलाईया ॥2॥

चाईजी ओ म्हारै ओवरड़ै आओ, थार तो चित्या बाई इवहुयाजी
साल साथीड़ा म्हैरै बाईजी देसी ऊपर चिरजी रोलिया,
जद खोल वुगचो चीर उढ़ायो गढ़ गुजराती चोलिया,
पिलांग लीड़ली, धाल बाखर, बाईनै पुंचाई ॥3॥
बाईजी बोथारो बीरोजी बुलाय ज्यूं धन बिलसै सायबबापकोजी
धन बिलसो जी साजी दशरथजीरापुत, इबथारी, पुरी छैंमनरलीजी
थारै अन धन जी सायबा मोतेरा होवै पुतांरी रात दुहेलड़ीजी,
पुन्य करोजी साहबा जलमैगापुत धन धरआवै थारै कुलभऊजी,
लाद्योये जच्चा कुलकोजी हार सरस सुख लाद्यो थारी कुखमैंजी ॥

## 27. बियाई

म्हारी नई ए बियाई टूंक टोडा सै आई,
तूं तो आव बियाई माता भलड़ै मोसर आई।
रूठड़ी जाथ कुम्हार घर, टूठड़ी म्हारै धर आंई,
रूठड़ी धड़ै ए कुल्हड़िया टूठड़ी सिरजन हार ॥
सुणो सुसराजी म्हारा औरैं बहका बोल, चिणवा यद्यो ओवरड़ो
और बड़ी धर्मसाला जठे पिलंग जच्चाक दिबलो जगै ए मसाब
दोयजणा पोडीड़ा अगणो राम उपायो राजे, उपायो सुखरे
सासुजी म्हारा औरैं भऊका बोल करद्यो ना पंजीरी को रतन
कबोलो, तुम चढ़ैगी बजाई हम जच्चा पछ होय।
सुनो बाईजी औरैं भावज का बोल थारै वीर,
पियारैं कै सालारै साथीड़रै आगै द्यां, गजमोतीडारो हारा।
सुणो पीब पातलिया, औरै नखरालिका बोल, तुम होड़ बदी।
थी उस मांझलड़ी रात, तुम देण कही थी दोय लतडलीज,
मेरैं थे तो देय न सक्या मेरी लाल ननद बाई की नीर चढ़
चोबारै तूं बाबुलकी जाई म्हारो कछु ये न बिगडै तुम धन
हंडौ ए लुगाई। हम सब कुछ पुरवा तुम धण नखरागारी ॥
बंश बधावण मेरी जच्चा तूं सांक्ष न सरकर जाई,
दस मसक दुलायद्युं, धर ही मलमल न्हाई।
वंश बधावण मेरी जच्चा तूं सांझ न परधर जाई,

दस सइ सहेली बुलायद्यूं घर ही बैठ मंगल गाई।
वंश बधावण मेरी जच्चां तूं सांझ न पिहर जाई,
तेरा बीर बुलायद्यूं घर ही मिल जाई।
वंश बाधावण मेरी जच्चा तूं सांझ न थलियां बैठी,
तेरो कूख रतन है मोतीड़ां दीड़पै ए लिलाड़।
वंश बांधावण मेरी जच्चा तूं हलवां हलवां बोल,
तेरी जीमलड़ी दुखैगी बाहर सूणौगा जच्चा लोग।
वंश बधावण मेरी जच्चा तूं हलवां हलवां चाल,
तेरी कमर दुखैगी जांघड़ल्या वडैगो जच्चा साल।

## गीत न. 28 (पीलो)

### शगुन के वस्त्र ओढ़नी (चुदड़ी)

पांच मोहर को सायग पीलो रंगाद्यो जी, तो हाथ अठोसी गज
बासी गाढ़ा माख्जी पीलो रंगाद्यो जी।

दिल्ली ए शहरका सायबा पोत मंगाओजी, दिल्ली ए शहरका
सायवां पोत मांगाओजी, तोजैपरकारं गरेज गाढ़ामारुजी पीलो. ॥

राथ आंगण विच सायबा, तणी ये धलाजो जी तो जच्चारो
पीलो बैठ रंगाओ, गाढ़ामरूजी ॥पीलो.॥

अल्लातो पल्लां सायबा म्होर रूबैयाजी तोबिच बिच चांदधलाआ
गाढ़ामारूजी, तोसोनैको सूरज धलाओ गाढ़ामारूजी ॥पीलो.॥

आप सरीसा दोय छैला बुलाओ जी, तो दे फटकार सुकाओ
गाढ़ा मारुजी ॥पीलो.॥

रंग्यो ये रंगायो सायवा होय ए संजवो जी, तो पड़दैमैं
पकाड़ओ गाढ़ा मारुजी ॥पीलो भल ओढ़ां जी॥

पीलो तो ओढ़ म्हाजी जच्चा पाटै पर बैठी जी तो सास नणद
भोत सरायो गाढ़ा मारुजी ॥ पीलो भल ओढ़ो जी.॥

के भवड़ थाड़ी माय रगायो जी तो के ननसालस आयो भवड़
म्हारी ए॥ पीलो भल ओढ़ो जी॥

सासू को जायो, नणद बाईको बीरोजी, तो पीलो म्हारै
मनमरिये रंगायो, सासु म्हारी ए ॥ पीलो भल ओढ़ोजी ॥

पीलो तो ओढ़ म्हारी जच्चा सरवरनै चाली जी तोसगलो शहर
सरायो, गाढा मारुजी ॥पीलो.॥
पीलो तो ओढ़म्हारी जच्चा म्हल पधारी जी, तो कोई निरास्ते
नजर लगाई गाढा मारुजी ॥पीला.॥
आंख्यानै चोगे म्हारी जच्चा मुखड़ै न बोलै जी, तो जच्चाको
राजन विलख्यो डोलै गाढ़ा मारुजी ॥पीलो.॥
दिल्ली ये शहरको सायबा बेद दुलाओ जी, तो जच्चा को हाथ
दिखाओ गाढ़ा मारुजी ॥पीलो.॥
झाड़ झाड़का रैवैद एक रुपैया जी, तो हाथ दिखाई म्होर
पचीसी गाढ़ा मारुजी ॥पीलो.॥
आप चढणका सायबां धुड़ला बकसावो जी, तो जच्चा
जीव की बधाई गाढ़ा मारुजी ॥पीलो.॥
आंख्याभी चोगै म्हारी जच्चा मुखड़ैमी बोलै जी, तो जच्चाको
राजन हरख्यो डोलै गाढ़ा मारुजी ॥पीलो.॥
थे छो बैद का बेटा असल ठगोराजी, तो म्हारो भोलो सो
राजिन ठग लीन्यो गाढ़ा मारुजी ॥पीलो.॥
थे छो म्हारी मिरगानैणी असल ठगोरी जी, तो ठगकर बैद
बुलायो मिरगानैणी ये ॥पीलो.॥
म्हे म्हारैं मारुजी को यो मन ले था जी, म्हे प्यारा छांक
दुप्यारा गाढा मारू जी ॥पीलो.॥
सेज चढन्ती जच्च सदा ये पियारी जी, तो पतन जगकर भोत
पियारी मिरगानैणी ये ॥पीलो भल ओढोजी॥

## गीत नं. 29 (जच्चा)

### जच्चा को धीमे बोलने की सलाह व जेवर घड़ाने की माँग

ये मंद घड़ादूयां राज, रखड़ी धड़ादूयो राज, हां ए थारा कुंडल बैठ जड़ादूयां
ए जच्चा मधरां वोलो राज। मधरां मधरां बोलो
राज, धीमा धीमा बोलो राज, हां ए थारी जिभड़ली मैं साल
पड़ैगो ए जच्चा धीमा बोलो राज ॥1॥
कंठी घड़ादूयां राज, हां ए थारै हारामैं रतन जड़ायां ए जच्चा
मधर बोलो राज। मधरा बोलो राज, धीमा धीमा
बोलो राज, हा ये थारै माथै चढ़ेगी मथवाड़ ए जच्चा मधरा
बोलो राज ॥2॥
गजरा धड़ादया राज, चुड़लो चितरादूयाराज, हो ये थारावंगण
रतन जड़ादूयां ये जच्चा मधरां बोलो राज, मधरा मधरा
बोलो राज ॥2॥
दांवण सिमादूया राज, पीलो रंगादूयहां राज, हा ए थारै पीलै मैं
जाल कढ़ादूयां ए जच्चा मधरा बोलो राज।, हा ये थारी पायलकै
घूँघरा जड़वादूयां ये जच्चा मधरा बोलो राज। धीमा धीमा
बोलो राज, हा ये थारै घड़ीये घूड़ीका हजार बन्द ये जच्चा
मधरा बोलो राज। हा ये थारी जीमडली मैं साल
पड़ैगो ये जच्चा मधरा बोलो राज ॥4॥

## गीत नं. 30 (जच्चा)

### पीड़ पड़े पर जच्चा का मन

ऊंची ऊंची मैड्यां कै लाल किंवाड़ी झवर-झवर दिवलो जगैजी राज।
पीड़ चले धण लुड़ लुड़ जाय करै ये भंवरजी हौं वीनती जी राज।
एक बार जी ढोला बागांमै जा, बागां में कली ये मरोड़ ज्योजी राज।
भागामैं कली ये मरोड़ ल्योजी राज।
ये बाग ए गोरी म्हे कली ये अनार, महलांमैं कली के मरोड़स्यां जी राज।
सेजांमैं कली ये मरोडसं जी राज।
नहीं समझयो सासू सुगणीरो पूत, नहीं समझयो भोली

बाईजीरो वीर चालै छै पीड़ उतावली जी रा ।1 ।
पीड़चनै धण लुड़-लुड़ जाय, करै ए भंवरजी सै बीननी जी राज।
एक बार जी ढोला साथ्यांमैं जाय, साथ्यांमैं चोपड़ खेलल्यों जी राज।
ये चोपड़ गारी म्हे पासा ढालां महलांमैं चोपड़ खेलस्यां जी राज।
नहीं समझयो सांस सुगणीरो. ।2 ।
पीड़ चले धण लुड़-लुड़ जांय, करै ए भंवरजीसैं बीनती जी राज।
एक बार जी ढोला साथ्यामैं जाय सांथ्यामैं घुड़ला डाकापन्योजी राज।
थे घुड़ला ये गोरी म्हे असवार, मे घुड़ला
गोरी म्ळे असवार महलांमैं जाय घुड़ला डकायस्यां ओ राज।
नहीं समझायो सासू सुगणीरो. ।3 ।
गौड़ चलै धण लुड़ लुड़ जाय, करै ए भंवरजीसैं वीनती जी राज।
एक बर जी ढोला डागलैं घुड्डी ये उड़ायज्यो जी राज।
ये घुडु गोरी म्हे रेशम डोर, महलांमैं घुड्डी ए उड़ायस्यां जी राज।
नहीं समझयो सासू सुगणीरो. ।4 ।
एक वर जी ढोला नीचे जाय, जाय थारी माऊजीनै भेज द्यो जी राज।
जाय थारी माऊजीनै मेज द्यो जी राज।
के गोरी घांरो दुखै छै पेट के थारै पगल्यां मैं फूटणी जी राज।
हंस कर बी डोलै बांधी छै पाग, हंसकर जी ढोलै बांधी छै पाग, मुलकत ...पैरिया जी राज।
इब समझयो सासू सुगणीरो पूत, इव समझयो भोलीबाईजीरो वीर इव म्हारीसार द्यणीकरैजी राज ।5 ।

## गीत नं. 31 (जच्चा)

बाग तमासै धण गई मां मोरी सूक्या एक हवदतलाव, कुञ्जामरवा केवड़ा।
मां मोरीसूक्या एक हवदतलाव, कूञ्जामरवा केवड़ा ।1 ।
शहर तमासै धण गई, शहर तमासै धण गई मां मोरी बैठ्या एक,
महाजन लोग हट्यांरा ताला ढक लिया। मां मोरी. ॥ 2 ॥
सुसरांजीरी पोल्यां धण गई मां मोरी बैठ्या एक,
डयोढ़ीवान हाथ पकड़ बाहर करी ॥ मां मोरी. ॥ 3 ॥

## गीत नं. 32 (जच्चा)

अबलाई सांडीड़ा सांड, पिलाण, जच्चा र आया जी सिगरत पावणा।
अबलाई आवेला किणा जी रा जोध, किणा जी र जासी ओ सिगरत पावणा।
अबलाई आवेला सुसराजी रा जोध, जच्चा र जासी सिगरत पावणा।
अबलाई उठ्या है मांझल रात जी, सू दिनडो उगायो जच्चारे देश में।
अबलाई कठोड़ा रा राठौड़ा रजपूत, कुणा र आया जी सिगरत पावणा।
अबलाई अयोध्या रा राठौड़ा रजपूत जच्चा र आया जी सिगरत पावणा। अबलाई पोलीड़ा पोल उघाड़, जच्चा र आया सिरगत पावणा।
अबलाई पूछों हालरिया री माय, क्यों तो दुकाना राजिंद सोय रह्या।
अबलाई दुकाना नही भंवर जी न ठोड़, दुकाना सूता म्हारा बाबाजी।
अबलाई पूछो हालरिया री माय क्यों तो साल्यां म सुन्दर सोय रह्या।
अबलाई साल्यां मं नहीं है भंवर जी न ठोड़ साल्या मं सूता जी म्हारा माताजी।
अबलाई पूछो हालरियो री माय, क्यो तो महलां म राजिंद सोय रह्या।
अबलाई महलांमन ही है भंवर जी न ठोड़ मेलां म सूताजी म्हारा बीर जी
अबलाई पूछों लालरिया री माय, क्यों तो सिरांत मरवण सोय रहआ
अबलाई सिराण नही भंवरजी न ठोड़, सिरांत म्हारा दात्यां चूड़लो।
अबलाई पूछो हालारिया री माय क्यों तो पसवाड़ मरवण सोय रह्यो।
अबलाई पगाते नहीं भंवरजी न ठोड़ पगाते पायल बाजणी।
अबलाई पूछो हालरिया री माय, क्यो तो ओट्याण मरवण सोय रह्य।
अबलाई उठ्याड़े नहीं भंवर जी न ठोड़, उठ्याड़ बाई जी काली कुतरी।
अबलाई सांडीड़ा सांड पिलाण, जच्चा नखराली मुखड़ो मोडियो।
अबलाई जाता री पकड़ी लगाम, डायां पंगरी पकड़ी मोचड़ी।
अबलाई आज्यो जी जलवारी रात, जच्चा र आज्यो प्यारा पावणा।

## गीत नं. 33 (जच्चा)

### शिशु जन्म-कृष्ण जन्म

मध राजी बाजीड़ाजी बाजीढ़ांजी ढोला गोकुल गुड़ियाजी ऊछरै।
कान्हा हाजीरैं लियोछै ओंतार मात यशोदाराणी उर धरयो ॥
बालक जीरै लियो छै जीरै लियो ओतार,

बहूये (सीता) दे राणीं जामियो।
सुण-सुणजी होलरकाजी बाप मनांये पियारी,
जच्चा राणी के कवै।
हमनै पियाजी खीचड़ी को जी चाव औसर,
खीचड़ीजी चायेमोल मुलाद्यो सायब खीचड़ी।
खीचड़ीजी बालर पा जी बीरां पा जी मांग,
हम पा तो मेवा ए **जच्चा** राणी मांगल्यो।
बाबुलजी म्हारो **बसै** ए जी जिया बसे परदेश,
बीर दिखण की जी चाकरी।
काका ताऊजी म्लारा बसै ए जी पिया बसै परदेश,
चाकी तो तायां सै ओलणा।
अज वायन जी अजमेररीजी ल्याव धणियो धणेसर नीपजै।
सूठी जी सठवांकी जी ल्याव गांठ गंठीलो सायब गोखरू।
गून्दजी खैरीकोजी ल्याव एक धोलो जी दूजो फूलगो।
मिरच जी मालचिया जी ल्याव हरड़ै ल्याजो कसायली।
गेहूंजी नदियां का जी ल्याव एक काठाजी दूजा कठ कहा
चावल जी जीन्दवा का जी ल्याव हरिया भूग मरोड़मा
धीरतज जी सुरही को ही जी ल्याव एक पीलो जी दूजो हलहरलो
गुड़जी गुड़ गुड़ा को जी ल्याव खाड़ भोलेवै तो नीपजै
नीरजजी जमनाजी गंगाजल ल्याव कोरोतो कलश कुम्हारका
टोकणड़ी बटलोयो जी ल्याव चमचो तो रतन जड़ाव को
थाल जी देव धड्यो वड़वाल हीड़ा जड़त कचोलियां
सासूजीनै जी म्हारी माईजी नै बुलाय,
दलबल राधे सायन खीचड़ी
तायसजी, पोतसजी, म्हारी जिठानीनै बुलाय,
झबक परोसै खीचड़ी
पापड़जी करै करेलेजी ल्याब ज्यू रुचरुच,
जीमै जच्चा राणी खीचड़ी।
दासीजी पूरब-पश्चिम की ल्याब ऊवीड़ीतो ढलै,
जच्चा राणी नै बीजणो।
थालियांजी म्हारी पीया रतन जड़ाय,

हाल मलन्ती जच्चाराणी पग धरै।
आंगण जी म्हारै कांचज जी पीया दुलाय,
बगड़ दुलाधो सायन हींगलू।
चौबारैजी म्हारै गीतजजी पीपा गीत गुवाय,
ज्यू जुग जाणै गीगो जलमीयो।
अंगनज़ी म्हारै ढोलज़जी पीया ढोल घुराय,
ज्यूं सुणिये जी लखपत बापकैं।
इतनी जी म्हारी पीया रीलये पजो,
जद पड़देमैं वो रजीड़ा पगधरो।
जद गीगनै जवो रीड़ा गोद ल्यो ॥
गैली ये धण असल गंवार थांरो तो म्हारो गीगो सीरको।
आद ये बाबुलकी ये, बीरां की जी भैण,
धणै ये कमाऊ की जच्चाराणी गोरड़ी।
आदर ये जच्चा दूनो ड्योढ़ो ए होय,
दूजो तो होलर जच्चाराणी और जणो।
वास्योड़ो धण पूजनजी जाय थारी सोजी (दशरथ) जीरी,
कुल बहुवां ए जच्चा उतरये देय थारी कोटन समधीरे धीयड़ी,
माल पुवा ए जच्चा नित-निद ए मेलै,
थारी कवंर (रामचन्द्र) चंन्दरावली।
बड़ा बड़ा लाडूये जच्चा मेवा जी खाय,
घारो कुल त्यारण गीगो हेलजो ॥

## गीत न. 34 (जच्चा)

### प्रसव के समय दाई-बुलावा

जी पीया स्यार खिलन्ता गोरी का श्याम,
का पासा थारा पर ए धरोजी राज।
जी ओ राज चाल कमर म पीड़,
क दाई-माई न खबर करोजी राज।
जी राजा हंस-हंस बांधी पाग,
क सुलकत मोचा पैरीया जी राज।

जी पीया पांच घोड़ा असवार,
पीयादा लीन्या डेढ़सै जी राज।
जी राजा बुझरे है पानीरी पनीहार,
दाई-माइ को घर कीसो जी राज।
जी पीया सुरज स्यामी बांकी पोल,
क मुरगा दाई क केल करजी राज।
ए दाई बैठी दाई तखत बिछाय,
एक बोल दाई गर्व भरी जी राज।
ओ राजा केर बीलोन्दी थारी माय,
क के थारी भावाजां जी राज।
ए दाई नाय बीलोन्दी म्हारी माय,
क ना म्हारी भावजां जी राज।
ए दाई एक बीलोन्दी घर नार,
क चलो ना उतावली जी राज।
जो आला के थार जनमगी धीय,
दाई माई स कोल करो जी राज।
ए दाई सिर मोठा की पोट,
क दाई-माई न चार टक्का जी राज।
ओ लाला जथार जनमगो पूत,
क दाई माई स वचन करोबी
ए दाईं सिर गीवां की पोट,
क मोहरां दाई की पसए भारांजी राज।
ए दांई तील क सूथन सीमाग,
दाई-माई न हांसलो जी राज।
ए दाई मंगन स हंसती चढ़ाय,
क दाई-माइ न खूशी करांजी राज।
जीरा आ आप घोड़ा असवार,
पीयादी दाई नाय चल जी राज।
ए दाई म्हे घोड़ असवार क दाई-माइन,
सुख पालखी जी राज।
ए दाई माई दाई शहरां क मांय,

दाई-माई न सुगन हुयोजी राज।
ए दाई माई दाई पोल्यांर मांग एक,
स्यामी दोय कंवर मिल्याजी राज।
ए दाई आंई दोई पोल्यांर मांय एक,
स्यामी दोय कलश भिल्याजी राज।
ए दाई आई दाई शालार मांय,
नखराली तेरा केर दुख जी राज।
दाई जांच रही थर राय के पेडू,
मेरा जुलम कर जी राज।
हाई चाल कमर म पीड़ क एड़ी,
मेरी चिगन कर जी राज।
जच्चा आओना मेरर हेट, मरोडूं तेरा पेट,
होलर राजा जनमीलो जी राज।
जच्चा तारा दिनड़ी रात होलर,
राजा शब्द सुन्यो जी राज।
ए जच्चा खाई है सठवां सूंठ ए जच्चा,
खायो है खरी द अजवान।
ए जच्चा बैठी है टीको काड ए,
जच्चा बैठी है काजल धाल।
ए मैंदी मांड, क पीलो ओढ का बोल,
जच्चा गर्भ भरी जी राज।
ए दाई आंगन सुख मेर गूंद क ...
क दाई चक चोरटी जी राज।
ए दाई आख्याम तेर गीड़, नाकामं रकरीड़,
क दाई माई त सूग मरांजी राज।
ए दाई पेट धड़ोसो तोर क दाई,
माई जार घरां जी राज।
ए दाई आवगो मेररो सुसरो करगो
तेरो निसरो हरामन दाई जार।
ए दाई आवगी मेररो जेठ फोड़गो,
तेरा पेट हरामन दाई जार।

ए दाई आवगो मेररो स्याम करगो,
तेरो काम हरामन दाई जार।
ए दाई आवगी मेररी सास पहराव,
तन बांस नखराली दाइ जार।
ए दाइ आवगो मेररो देवर काड़गो,
तेरो नेवर हरामन दाइ जार।
ए जच्चा कित गयो होलरिय को बाय,
हरामी म्हांस कोल किया जी राज।
ए दाइ सिर गीवां की पोटक म्होरां,
दाई की पसं भरांजी राज।
ए दाइ तील क सूथन सोमायं क दाइ,
माइ न हांसलो जी राज।
ए दाई मंगन से हंसती चढ़ाय क दाइ,
माइ न खूशी करां जी राज।
दाइ मंगन स हंसती चढाय क दाइ,
माइ न बिदां ए करां जी राज।
राजा कोटा क उपर कोट राज,
दशरथ जीरो राज रहो जी राज।
राजा पूतां क पूत, क जच्चा,
रानी ओर जनो जी राज।
जच्चारानी बंश बधावो जी राज॥

# 6

# माहेरे के गीत (भात)

विवाह के गीतों में 'माहेरे के गीतों' का विशेष महत्व है। खड़ी बोली में इसी को 'भात' कहते हैं। बहिन अपने पुत्र या पुत्री के विवाह पर भाई को निमन्त्रण देने के लिए बत्तीसी लेकर अपने पीहर जाती है। इस निमन्त्रण को स्वीकार करने पर पीहर वाले विवाह के अवसर पर यथाशक्ति धनमाल लेकर जाते हैं। इन गीतों में कहीं भाई की कमजोर आर्थिक स्थिति, कहीं प्रतीक्षा में खड़ी बहिन, कहीं भावज की कंजूसी, कहीं भाई से अपना मान बढ़ाने के लिए अधिक से अधिक उपहार देने को कहने जैसे भावों पर अनेकों लोक-गीत चलन में हैं। इन गीतों में जहां भाई-बहन का निश्छल प्रेम वर्णित है, वहीं माहेरे (भात) देते समय वर-वधु की मां के लिए ससुराल पक्ष से व्यंग्य किये जाने का भी उल्लेख है।

विवाह में भाई द्वारा भात नौतने (मोहरे) का प्रश्न बहन के लिए आन-बान-शान का प्रश्न होता है। कई स्थानों पर दूल्हा घुड़चढ़ी के समय और दुल्हन फेरों के समय अपने मामा द्वारा दिये गए वस्त्रों को ही पहनती है। न केवल बहन के लिए बल्कि उसके समस्त ससुराल के निकट सम्बन्धियों के लिए वस्त्र व मान (रुपये) देने का चलन है। वैसे आजकल वस्त्र आदि की अपेक्षा नगदी देना ज्यादा चलन में है।

# माहेरे के गीत (भात)

## गीत नं. 1

**रोली, चावल, गोला, मिठाई लेकर बहन मायके जाती है, भात नौतने के लिए**

सीप भर रोली, पस्से भर मोती मेरा भतई न्यूंतण मैं गई जी।
इरबेगोसो आइमेरी मांकारैं जाया हमघर विड़द उतावलीजी।
मेरी मांकी एजाई मेरो आबन नाहीं हमघर मैंड़ीबाई सांकड़ी जी।
हर बीरांकी मंडी मैं तो सोवत ईट थपाऊ,
हर अज गज नींव दिवा स्यूं जी।
बीरांकी मंड मैं तो गारोए घलाऊं,
हर दूध री मसक ढुलीय स्यूं जी।
बीरांकी मण्डी मैंतो छप्पर छवाऊं,
हर बारी झरोखा छाजा सोवण जी।
बीरांरी मण्डी मैं तो दिवलो जगाऊ,
हर जगमग जोत सुहावणी जी,
बीरारी मण्डी मैं तो ढोलियो बिछाऊं,
हर हाथ रंगीलो बीरा बीजणो जी।
जै पर चढ़ पौड़े (दशरथजी) रो (रघुनाथ),
मेरी भावज ढोलै वीरा बीजणो जी।
हर ढोल ढुलावत सायब हरखज उपज्यो,
हाथरो बीजणो सायब हाथ रयो जी।
सुण सुण जी म्हारा समरथ सायब
हर नबद परोसण मत राखियो।
हर वा धन देखै सायब सौई धन मांगै,
हर उठ संवारी सायब झगड़ो करै जी।
गैली ये धण म्हारो वोल न जाणै,
हर ओछै घर की गोरी घीयड़ी जी।

हर आभी स्याही मैं तो पोल चिणाऊं,
हर बीच बहणरो गोरी औवरो जी।
ओखां गोखां मेरा कंवर रमणा हर बीचर मैगा रूड़ा भाणजा जी।
कंवरानैदेख्यां मेरी कंवजलबिगसै भाणजड़ानै देख्या मेरोमनभरै।
मां की ए जाईमनेकहे ये न पाई हर सांगरसाटै रूड़ी धण धणीजो।
सांगर साटै रुड़ी जो धण नाहीं दमड़ारैं रुड़ी धण धणीजी।
ये चिरजीवो मेरा भाई एमतीजा भैणलरो मान बड़ो करयोजी।

## गीत नं. 2

### भात में हीरे जड़ी चुदड़ी

आज म्हारा वीरोजी कांकड बसरह्या हरख्या छैग्वाल्या लोग।
उढ़ाई धण देवा चुनड़ी ॥
आयो छै माको जायो वीर, हीरां जड़ ल्यायो चूनड़ी ॥
ओड़ं तो हीरा रै वीरा झड़ पनै, मेलूं को तरसै बाई रो जीव।
उढ़ाई धरा देवा चूनड़ी॥
आज म्हारा वीरोजी वीगा बस रहृया हरख्या छैं मालीजी लोग।
उढ़ाई धण देवा चूनड़ी ॥
आज म्हारा बीरोजी सहरा बस रह्या, हरख्या छै म्हाजण लोग।
उढ़ाई घण देवा चूनड़ी।
आयौ छै माको जायो वीर, हीरा जड़ ल्यायो चुनड़ी।
आढ तो हीरा रै वीरा झड़ पड़े मेलू तो तरसै लाई रो जीव।
उढ़ाई घण देवा चुनड़ी ॥
आज म्हारा बीरोजी पोल्यां बसे रह्या, हरख्या छै देवर जेठ।
उढ़ाई पण देबी चूनड़ी ॥
आयो छै माको आयो वीर, हीरां जड़ ल्यायो चूनड़ी ॥
ओढूं तो हारा रै वीरा झड़ पड़े, भेलूं तो तरसै बाई रो जीव।
उढ़ांई घण देवी चूनड़ी ॥
भायो छै माको जायो वीर, हीरा जड़ ल्यायो चूनड़ी।
ओढूं तो हीरारे वीरा झड़ पड़े मेलू तो तरसै बाई रो जीव।
उढ़ाई घण देवा चूनड़ी ॥

## गीत नं. 3

गंगा कै धेरैरबीराजमनाकैघोरै, जमना कैघोरै, पार बसै मेरा मतई।
बेगो सो आई रे मेरी मांका रै जाया, जामाणका रै जाया
हम घर विड़द उतावली ॥
किण विध आऊं ए मेरी मांकी ए जाई, जमणकी ए जाई,
बीच जमना अथाइ भवै।
चनण कटाउंयै वीरा नांव घड़ाऊं जै चढ़ आवै मेरा भतई,
बेगो सोआई रै मेरी माका रैजाया.।
किण विध आउ ए मेरी माकी ए जाई जमाणकी ए जाई।
हम घर मण्डी बाई साकड़ी।
राजबुलाऊं रै वीराचेजारा बुलाऊ मण्डी चिणाउं मेरै वीरको।
बेगो सो आई रै मेरी माकारै जाया।
किण विध आउ ए मेरी माकी ये जाई, जातणकी ये जाई,
हम घर भैंस दुंहावणी।
गूजर लगाद्यूं रै वीरा हाली लगाद्यू भैंस दुंहाद्यू मेरे वीर की,
बेगो सो आई रै मेरीमाका रे जाया।
किण विध आऊ ए मेरी मांकी ये जाई, जामणकी ये जाइ।
हम घर टावर बाई रोवणा।
दाई रखाद्यू रे वीरा धाय बुलाद्यु कवर खिलावै मेरे वीरका।
बेगो सो आई रे मेरी माका रे जाया।
किण विध आउं ए मेरी माकी ये जाई, जामणकी ये जाई,
हम घर नार कुटेवड़ी।
सास खिनाउं रे बीरा नणद खिनाउ मैं आप ही आउ।
नार समझाउं मेरे वीरकी।
बेगों सो आई रे मरी माका रे जाया।
किण विध आउं ए मेरी माकी ये जाइ, जामणकी ये जाइ,
हम घर आई बाइ हाकमी।
हाकिम होज्यो रैबीरा घुड़लापरचढ़ज्यो जैंचढ़ आयो मेरा भतई
सिर सुलतानी रै बीरा पाग विराजै सोई म्हारो (श्रीराम) आइयो
घोड़लिया घूंघरा मोल बिराजै सोई म्हारो (श्रीलाल) आइयो।

हाथ गुड़ावत बीरा सेल विराजै सोई (श्रीगोपाल) आइयो।
इब दल आयो रै बीरा सबदल आयो लोभण मायड़ मेरी चितरही
इन दव भेजूं ए बाई सव दल भेजूं घर रखवाली ए बाई मारही।
लोमण मायण मेरी लोभ न करिये जांयांरो फल लीजिये।
लोमण बेटी मेरीलोभ नैं करिये सगलानै आयों बाई ना सरै।
इब दल आयो रे वीरा सवदल आयो हुई ये वहण घर विड़दड़ी
इतना सा आया मैरै बगड़न मायातम्बू रै तानया बीराचोइटैं।

## गीत नं. 4

**'ए तुम बरसो घोर गरज, थारे अरज बुतेरानी 'खड़ी-बोली का यह भात का गीत कुछ-कुछ इसी प्रकार का है, यहाँ भी बहना अपने भाई को इन्द्र की तरह बरसने के लिए कहती है।**

तूं क्यूं रै म्हारा हरिया पीपल उन मुणोजी।
येक पान पतूरां विन सोम्या नहिं आवै।
बरस माई जाया इन्दर ज्यू।
गजराजओ भरभात ओंमेरो माकाजाया इन्दर ज्य ॥1॥
तूं क्यूं ये म्हारी राम रसोई उन मुणी,
येक मूंग भात बिन सोम्या न आबै,
बरस माई जाया इन्दर ज्यूं ॥2॥
तूं क्यूं रै म्हारा रतन परींडा उन मणा,
येक कुम्भ कलस बिन सोम्या न आवै।
बरस माई जाया इन्दर ज्यूं ॥3॥
तूं क्यूं रे म्हरा (रघुनाथ) बीरा उन मुणो।
येक भात भरयां बिन सोम्या न आबै।
बरस माई जाया इन्दर ज्यूं ॥4॥
तूं क्यूं ए म्हारी बाई उन मुणी येक भात।
नुत्यां बिन सोम्या न आवै। इन्दर ज्यूँ ॥5॥

## गीत नं. 5

### ए मेरे वीरा (भाई) मैं नौतने आई, तुझसे ही भात माँगूगी, भर-भरके देना

बीरो नूंतण धण गई जी राज,
ओ वीरा रुण झुणरैक बैल जुपाय।
वीरा विजय सिंह ओ तेरै पा मांगूगी भात,
वीरा मेरा लखपत ओ तेरै पा मांगूगी भात।
नणदल आवत देखकर जी राज।
ए मामी पीढ़ो येक लियोये लखोय।
थारो तो बीरो घर नहीं जी राज,
ए बाई कुण ए भुरैगो थार भात।
टीबै ओलै टीबड़ी जी राज।
ए बाई (रूकमण) यक रूठी जाय।
माका जाया ओ तेरै पा मांगूगी भात,
बीरा मेरा कोटिधज ओ तेरै पा मांगूगी भात,
आडै म्हारा (श्रीलाल) होय रहय जी राज
ए बाई रूस्योड़ी नै ये जाण न द्यां।
आडै म्हारा (श्रीराम) होय रहू यो जी राज,
ए बाई रूस्योड़ी नै ये जाण न द्यां।
म्हारो धालां डेडसै जी राज,
ऐ बाई रुपियांरी अन्त न पार।
तालां धालां डेडस जी राज,
ए बाई आंगी चोली को ये अन्त न पार।
सासू नै तील पचास की जी राज,
ओ बीरा मेरै सुसरै नै ओ पचरंग पाग।
दोर जिठाण्यां नै पोमाच जी राज,
ओ बीरा देवर जेठां नै ओ पचरंग पाग।
वीर विजय सिंह औ तेरै पामांगूंगी भात,
कंवठां जोगी ओ वींटली जी राज।
ओ वीरा, धीतो को भर-भर भात,
हमा धण मूली चूनड़ी जी राज।

ओ बीरा मेरै सायबनैं खुखाकवांणा पांचू थोक,
माका जाया ओ तेरै पा मांगूंगी भात।
वीरा मेरा लखपत ओ तेरैं पा मांगूंगी भात,
वीरा मेरा कोधिजऔ ओतेरै पा मांगूंगीभात।

## गीत न. 6

जरिया हन्दा पेचा मेरै ससुरै तांई ल्याई रे।
लंपां झंपांरी साड़ी मेरी सासू तांइ ल्याई रे ॥
वीरा चूनड़ी उढ़ाई धणदेवा रे, भात लेकर आई जामणा जायारे।
जनिया हन्दा पेचा मेरै देवर जेठां तांई ल्याई रे।
लंपा झंपारी साड़ी मेरी दोर जिठाण्यां ताई ल्याई रे।
वीरा चूनड़ी उढ़ाई धणदे वारे, भात लेकर आई मा का जाया रे ॥
जरिया हन्दो पेचो मेरै सायब तांई ल्याई रे।
लंपा झंपारी चुनड़ तेरी मैनड़ तांई ल्याई रे ॥
वीरा चूनड़ी उढ़ाई धणदेवा रे, भात लेकर आई जांमण जाया रे।
जरिया हन्दो बागो मेरै कंबरा तांई ल्याई रे।
लंपा झंपारी तीलां कुल बहुवां तांई ल्याई रे।
वीरा चूनड़ी उढ़ाई धण देवा रे भात लेकर आई माका जाया रे।
जरिया हन्दो पेचो मेरै नणदोई तांई ल्याई रे।
लंपा झंपारी साड़ी मेरी नणदल तांई ल्याई रे।
वीरा चूनड़ी उढ़ाई धणदेवारैं भात लेकर आई जामण जाया रे।

## गीत नं. 7

### हे मेरे वीरा तुम रिमझिम से करते भात लाना

वीरां, म्हारे माथां ने महमद लाज्यो
म्हारा रखड़ी बैठ घड़ाज्यो
म्हारा रिमक झिमक भाती आज्यो
वीरा, म्हारे कानां नै पन्ना लाज्यो
म्हावे कुंडल बैठ घड़ाज्यो
म्हारे रिमक झिमक भाती आज्यो
वीरां, म्हारे पूंचा नै चुड़ल्यो लाज्यो
म्हारे गजरो बैठ घड़ाज्यो
म्हारे रिमक झिमक भाती आज्यो
वीरां, म्हारे पांयां ने पायल लाज्यो
म्हारा बिछिया बैठ घड़ाज्यो
म्हारे रिमक झिमक भाती आज्यो
वीर, म्हारे कड्टांने पटीलो लाज्यो
म्हारी चूनड़ बैठ रंगाज्यो
म्हारे रुमक झुमक भाती आज्यो
रविन्द्र भतीजो गोद लाज्यो जी
म्हारे रुमक झुमक भाती आज्यो

## गीत नं. 8

### नांपू तो पचास हाथ का, तोल तो 30 तोला, ओढू तो हीरे छड़े आदि ऐसी झलरवाला झिणका मेरी माँ का जाया लाया–

बागां में बाजै जंगी ढोल
झालर झिणका करै जी
आयो मेरी मां को जायो बीर
चूनड़ ल्यायो भोज को जी
नापूं तो हाथ पचास
तोलूं तो तोला तीस को जी

मेलूं तो डब्बो भर जाय
ओढूं तो हीरा झड़ पड़ै जी
ओढ़ां म्हारे कंवरा रो विवाह
राजन आवै मुलाकात जी
धन वे गोरी थारो भाग
बीरा ल्यायो चूनड़ी जी

## गीत नं. 9

**बहन भाई को पत्र लिखती है कि साड़ी, सूट, चुनरी, कुत्ती सब सामान बढ़िया लाना।**

अब खत लिख रही बहन बीरन को,
बीरन मेरे भात ले आइयो रे
भैया बन्नी को साड़ी लाइयो,
झूमर पे रतन जड़ाइयो,
भैया बन्न है शौकीन सूट बढ़िया सिलवाइयो रे

अब खत लिख रही बहन बीरन को,
बीर मेरे भात ले आइयो रे
अपनी बहना को चुनरी लाइयो,
चुनरी पे रतन जड़ाइयो
तेरा जीजा है शौकीन, सूट बढ़िया सिलवाइयो रे

सासू को साड़ी लाइयो,
ससुरे को कुरता लाइयो,
मेरा देवर है शौकीन सूट बढ़िया सिलवाइयो रे
अब खत लिख रही बहन बीरन को
बीरन भात मेरे ले आइयो रे

**विशेा** – इसी प्रकार ननद-ननदोई, जेठ-जेठानी आदि सम्बन्धियों का नाम लेकर गीत को गति दी जाती है।

# 7

# विवाह-संस्कार

## (बना-बनी)

विवाह गार्हस्थ्य जीवन का प्रवेश द्वार है। संसार की प्रत्येक जाति में इसके लिए वैवाहिक-विधान सम्पन्न किये जाते हैं। इस अवसर पर खुशी का माहौल होता है। वर और वधु दोनों पक्षों की ओर अनेकों मांगलिक आयोजन किये जाते हैं। 'टीका' या 'रोका' इसकी प्रथम श्रेणी है, जिसमें कन्या पक्ष की ओर वर पक्ष को 'रोकड़े' देने का रिवाज है, तो वर पक्ष की ओर से भी कन्या-पक्ष को कुछ न कुछ भेंट में देकर विवाह की स्वीकृति निश्चित की जाती है। इसे 'सगाई' भी कहते हैं। 'सावा क्षेवणे' के दिन से वैवाहिक कृत्यों का प्रारंभ हो जाता है, इस दिन विवाह वाले घर में स्त्रियां एकत्रित होकर धान साफ करते हुए गीत गाती हैं, इसे 'मूग उछालणा' कहते हैं। वर को घी पिलाया जाता है, जिसे 'घी पावणो, 'पाटै बैठवणी' आदि कहते हैं। वर व वधु को हल्दी लगाना, तेल चढ़ाना (तेल चढणो); अगौनी (कन्या-पक्ष द्वारा बारात का स्वागत करना), 'सासू आरती', 'कामणा' के गीत, 'खोल भरावणी', 'राती-जोगे', 'काकण डोरडे' (कंगना खुलई), 'विदाई' आदि के अधिकांश अवसरों पर गाये जाने वाले लोक-गीत चलन में हैं।

अन्य प्रदेशों की भांति बारात के जीमने (खाना खाने) और फेरों के समय 'सगांरी गालियों' का प्राधान्य है। इन गीतों में समधी की हंसी उड़ाई जाती है। इनमें विवाहित सगो की और अविवाहित सगो की गालियां भिन्न-भिन्न है। यथा विवाहित सगो को गाई जाने वाल....

***'नवा नगर' सू गाड़ी आई***
***'है' नगारा री ठोर-ठोर***
***भाय ब्याईजी वाली बैठी आई***
***ताला दीधी ठोर-ठोर***
***मरजौ टोपी वालौ रै***

*हाथ पकड़ घर में लेगौ*
*तालो दीघौ ठार-ठोर*
*अे छै र मीना घर म राखी*
*अे नबै मीनै पेट पेट*
*मरजौ टोपी वालो रे।*

बारात के भोजन करने और फेरों के बाद जब दूल्हे को घर में बुलाया जाता है, तो उत्तर प्रदेश में उसे तुकबदी के दोहे सुनाने पड़ते है, जिसे 'छन' (छन्द) कहते हैं। राजस्थान में उसे 'जवाई रागीतडला' और 'कूकडला' कहते हैं। खड़ी बोली के अधिकांश भागों में वर-वधु का मंगल-मिलन वर के वधु को लेकर अपने घर में पहुंचने के बाद, देई-देवताओं की पूजा-अर्चना करने के पश्चात् ही आयोजित किया जाता है। लेकिन इसके विपरीत भोजपुरी और राजस्थानी लोकगीतों में ऐसा कन्या-पक्ष के घर में दूसरे दिन वर को वधु के कक्ष में सुलाया जाता है, जिसके लिए भी–

*'साथीडा थे परणिया छौ के क्वारा,*
*म्हारा गणपतिया नै भेजौक्यू नी राज*
*बालक बनी रे मैला मे हीरा परखण मेलौ क्यू नी राज'*

आदि कई गीत प्रचलित हैं। इनमें से अधिकांश रंगों के लोकगीतों का उल्लेख करने का प्रयास किया गया है।

# मेंहदी गीत (विवाह-संस्कार)

## (क) मेंहदी, गीत चूडा व चूंदड़ी, हल्दी, तेल आदि

### गीत नं. 1 (मेंहदी)

**वधु का सारा शृंगार एक तरफ और मेंहदी एक तरफ। मेंहदी बिना शृंगार नहीं। वह राजस्थान की काली रचनी मेंहदी। हाथ में मेंहदी लगी, तो बन्नो कोई काम नहीं करेंगी, कहीं का रंग फीका न पड़ जाये।**

और मौलावे सायबा माथा न मेहमदजी।
म्हारा आलीजा र मुलावे, रंगरी मेहन्दी।
भंवरसा पूंचो छोड़ी जी हाथां के रच रही मेहन्दी।
हठीला हठ छोड़ी जी म्हारे हाथ लपट रही मेहन्दी।
सासूजी थाल परोसोजी, हाथां के रच रही मेहन्दी।
भाभी सा गास्या दे दूयो जी, हाथां के रच रही मेहन्दी।
चौका में ब्राह्मण राखो जी म्हारा हाथां के रच रही मेहन्दी।
ओट्याडें नौकर राखो जी म्हारा हाथां के रच रही मेहन्दी।
बाई जी लालो राखो जी, हाथां के रच रही मेहन्दी।
दासीजी सेज बिछावो जी हाथां के रच रही मेहन्दी।
मारूजी पंखो ढ़ोलो जी, हाथां के रच रही मेहन्दी।
मारूणी महल पधारो ये थार तुरत-सुखां देवा मेहन्दी।

**नोट : इसी तरह अन्य नाम लेवे**

## गीत नं. 2 (मेंहदी)

**आजकल मेंहदी की बनी-बनाई कीप उपलब्ध हैं। लेकिन पहले तो पेड़ों से तोड़कर ताजी-ताजी मेंहदी सिलबट्टे पर पीसी जाती थी।**

मेहन्दी बाट सिलावटां जी रंग बांट्या रंग आय।
मेहन्दी द्यो न जी, बहु राणा दे रे हाथ। मेहन्दी राचणी।
मेहन्दी द्यो न जी, बहु सावतरी रे हाथ। मेहन्दी राचणी।
मेहन्दी द्यो न जी, बहु चान्दणदे रे हाथ। मेहन्दी राचणी।
हाथां मेन्दी राचणी, चन्द्रबाई रो चुड़लो हाथ।
सेज बिछाइजो जी झड़कार बिछाइजो जी कासबजी रा जोध ॥ में.
सेज बिछाइजो जी झड़कार बिछाइजो जी देवी देवता की जोड़ ॥ में.
थे ही बिछाल्यो ये दिवलो जलाल्यो ये सेज बिछाल्यो ये।
हेमा चल री धीय। मेहन्दी राचणी। कानूड़ा री मांय, मेहन्दी राचणी।
**नोट : इसी तरह अपने समस्त परिवार के नाम लेकर गायें।**

## गीत नं. 3 (मेंहदी)

अटकन मेहन्दी, पटकन पान, मेहन्दी चालो राज दिवान।
मेहन्दी ल्योजी मेहन्दी ल्यो, मेहन्दी लेय राणादेजी न द्यो।
मेहन्दी ल्योजी मेहन्दी ल्यो, मेहन्दी लेय चांदणदे न द्यो।
मेहन्दी ल्योजी मेहन्दी ल्यो, मेहन्दी लेय सावतरी ने द्यो।
मेहन्दी ल्योजी मेहन्दी ल्यो, मेहन्दी लेय रिध सिध न द्यो।
सावां सावां गौरी न द्यो ब्याज बटो देवी देवता न दयो।
मेहन्दी ल्योजी मेहन्दी ल्यो, मेहन्दी लेय...न द्यो।
मेहन्दी ल्योजी मेहन्दी ल्यो, मेहन्दी लेय...न द्यो।
**नोट : इसी प्रकार अपने परिवार के नाम लेकर गावे।**

## गीत नं. 4 (मेंहदी)

**हे रसिया रचनी मेंहदी का पेड़ लगा दो, शहर से बीज मँगाओं और राठौरों की धरती पर उगाओ।**

मेहन्दी राचणी रो पेड लगा दो रसिया मेहन्दी राचणी।
सोजत शहर से सायबा बीज मंगाओ,
रठौड़ी धरती में मेहन्दी बाओ रसिया, मेहन्दी...
क्यार्‌यां जी क्यार्‌यां मेहन्दी जी बाओ,
धोरां मं फूल बवाओ रसिया, मेहन्दी...
काचा दूध सूं मेहन्दी सिंचाओ,
दहिया सूं फूल सिंचाओ रसिया, मेहन्दी...
सुसरा जी म्हारा मेहन्दी तुड़ाव,
जेठसा ले घर आव रसिया, मेहन्दी...
सासुजी म्हारा डाल खुलाव,
भाभीसा मेहन्दी पिसावा रसिया, मेहन्दी...
संग की सेहल्या मेहन्दी ओले,
बाईसा नखराला मांड रसिया ॥ मेहन्दी...
मेहन्दी मांड धण मेहल पधार्‌य,
लखपतिया मेहन्दी निरख रसिया ॥ मेहन्दी...
चुंदड़ तो म्हारा बीराजी ओढ़ाव,
पीलो आप रंगावो रसिया ॥ मेहन्दी...
चूड़ों तो म्हारा बीराजी चिरावे,
गजरा आप घड़ाओ रसिया ॥ मेहन्दी...

# गीत चूड़ा व चून्दड़ी

## गीत नं. 1 (चूड़ा का )

**सारे राजस्थान में कोहनी से ऊपर हाथी दाँत का चूड़ा पहना जाता है, जिसे अधिकांश पारम्परिक आभूषण पहनने वाली स्त्रियाँ पहनती हैं।**

कजली बन में असल चलाक हाथी दांत जी।
थे ल्याओ न कासबजी रा छावा चुड़लो ॥
जयपुर का बाजारां हीरा भरियो चूड़लो।
थे ल्याओ ने चंदरमाजी रंग भर लाखों चूड़ो ॥
चूड़लो तो पहरो म्हारी मना पियारी नार जी।
खातीला पहरावे रंग भर चूड़लो।
खेलों तो ढ़ाला चोपड़ स्यार जी।
**(इसी प्रकार अन्य नाम लेते हैं)**

## गीत नं. 2 (चूड़ा का)

**चूड़ा पहनने के बाद ऊपर से चूनड़ ओढ़ना व अन्य आभूषण धारण करना**

चार चूड़ा आया शहर में जो। चूड़ो पहरे जी...जी थांकी नार।
नथणी मायला सांचा मोती खिलरया खिलरयाओ बाईसा थांका बीर।
चूड़ा ऊपर चूनड़ खिल रही जी खिलरया जी बाईसा थांका बीर।
**(इसी तरह सभी आभूषणों एवं परिवार के नाम लेते हैं)**

## गीत नं. 3 (चूड़ा का)

मैं तो नगर नगर सब हेरिया जी,
म्हारी छावनी रे जोड़ रो कोई नहीं मुलक में जी,
शहर में गुलाबी चूड़ो वापर्‌यो जी।
मैं तो सुसराजी सुसराजी सब हेरिया जी,
म्हारा सुसराजी री जोड़ी रो कोई नहीं मुलक में जी ॥ शहर...
मैं तो जेठसा जेठसा सब हेरिया जी,
म्हारा जेठसा री जोड़ी रो कोई नहीं मुलक में जी ॥ शहर...
मैं तो देवरजी देवरजी सब हेरिया जी,
मैं तो ननदोई ननदोई सब हेरिया जी,
म्हारा देवरजी ननदोई री जोड़ी रो कोई नहीं मुलक में जी ॥
शहर में गुलाबी चूड़ो वापर्‌यो जी।
मैं तो सायबजी सायबजी सब हेरिया जी,
म्हारा सायबजी री जोड़ी रो कोई नहीं मुलक में जी ॥
शहर में गुलाबी चूड़ो वापर्‌यो जी।

## गीत नं. 1 (मेहन्दी चून्दड़, काजल, टीकी)

चून्दड़-चून्दड़ करोये लुगायां चून्दड़ जाबान देय।
सीस चढ़े लटका करे जी कोई देखे म्हारा बाई सा रा बीर।
भोली चून्दड़ ये देखे सैय्यां रो साथ मेहन्दी राचणी ॥1॥
टीको टीको करोये लुगायां टीको जाबान देय।
सीस चढ़े लटका करे जी कोई देखे म्हारा बाई सा रा बीर।
भोली टीको ये देखे सैय्यां रो साथ मेहन्दी राचणी ॥2॥
काजल काजल करोये लुगायां काजल जाबान देय।
नैन खुले लटका करे जी कोई देखे म्हारी नणदल बाई रा बीर।
भोलो काजलियो देखे सैय्यां रो साथ मेहन्दी राचणी ॥3॥
मेहन्दी मेहन्दी करोये लुगायां मेहन्दी जाबान देय।
हाथ लगी लटका करे जी कोई देखे म्हारा बाई सा रा बीर।
भोली मेहन्दी ये देखे सैय्यां रो साथ मेहन्दी राचणी ॥4॥

## गीत नं. 2 (चून्दड़ी)

**न जाने कितने शहर खोज मारे, पर चूंदड़ न मिली, हमारे मायके में जाओ, वहाँ मिलेगी चूंदड़।**

चुन्दड़ री बहू राणादे ने खांत हो ल्याओ ने कासबजीरा छावा चून्दड़,
फिरिया फिरिया गोरी देश विदेश कठे न लादी चून्दड़ी जी।
जाइज्यो जाइज्यो म्हारे दादाजी रे देश हो जठे तो मिलेली छावा। चू.
लादी लादी जी साजनिया री हाट ओ ओढ़ो ने भायां री बहनड़। चू.
**(इसी प्रकार काकाजी, जीजाजी, मामाजी आदि के नाम लेते हैं)**

## गीत न. 3 (चून्दड़ी)

रातां फूला चून्दड़ी कोई धोलाजी जायल रा फूल रातड़ल्या रङ्ग चून्दड़ी ॥ रा...
घर आया सूरज जी पूछे है गौरी ये थाने बालो कूण ॥ रा...
बालपणा म्हारी माता प्यारी पाछे जी कोय जलहर बाप ॥ रा...
अपने पियारा लागे बीराजी कोई चौथोजी म्हारी भावज रो साथ ॥ रा...
यां बातां सूं गौरी खारा लागो देस्यां ये थाने पिहर पहुंचाया ॥ रा...
पहला पियारा म्हारा सुसराजी लागे दूजा तो सासूजी ओ राजा ॥ रा...
भर जोवन केसरिया प्यारा पाछे जी जणियोड़ो पूत ॥राता॥ रा...
या बाता सू गौरी प्यारा लागो थाने रखस्यां म्हें हिवड़ा रो हार ॥ रा...

## गीत नं. 4 (चून्दड़ी)

**कबूतर की तरह चूंदड़ी को भी संदेशवाहक की तरह प्रयोग**

उड़ती चून्दड़ी संदेशो म्हारो लेती जाईजे ए, के उड़ती चून्दड़ी।
पेलो तो संदेशो म्हारा सुसराजी ने दीजे ये,
सासुजी ने पगा लागणा केती जाईजे ऐ...के उड़ती चून्दड़ी ॥1॥
दूजो तो संदेशो म्हारा जेठजी ने दीजे ये,
भाभीजी ने पगा लागणा केती जाईजे ऐ...के उड़ती चून्दड़ी ॥2॥
इगणो तो संदेशो म्हारा नणंदोई जी ने दीजे ये,
बाईजी ने बेगा आईजो केती जाईजे ऐ...के उड़ाती चून्दड़ी ॥3॥
चौथो तो संदेशो म्हारा नवल बनाजी ने दीजे ये,
बनाजी ने सागे-सागे लेती आईजे ऐ...के उड़ती चून्दड़ी ॥4॥

# गीत हल्दी का

## गीत नं. 1 (हल्दी का)

**हल्दी एक बेहतरीन एंटीसेप्टिक है। उत्तर-भारत के लगभग सभी प्रदेशों में विवाह के समय वर-वधु दोनों को हल्दी का उबटन लगाते हैं।**

आटा री हल्दी बना थारा बाबासा मोलावे।
माता रे मन कोड हो बनी थारी जोड़ी रो केसरियो।
पीलोड़ी अंग लगावो रायजादी जिण चढ़ रूप सवायो।
आटा री हल्दी बनी थारा काकासा मोलावे।
माता रे मन कोड हो बनी थारी जोड़ी रो केसरियो।
पीलोड़ी अंग लगावो रायजादी जिण चढ़ रूप सवायो।
**(इसी प्रकार मामा, जीजा, बीरासा आदि के नाम लेते हैं)**

## गीत नं. 2 (हल्दी का)

हल्दी आई बिणजारा री पोल उतरी चोवटे।
मोलावे लाडलड़ी रा बाबा सा माता रे मन भावे।
थांरी मायड़ रे मन कोड, कोड घणो करे।
हल्दी आई बिणजारा री पोल उतरी चोवटे।
मोलावे लाडलड़ी रा काकाजी मायड़ रे मन भावे।
थांरी मायड़ रे मन कोड, कोड घणो करे।
**(इसी तरह मामा, फूफा, जीजा, बीरा आदि सहित गाये जाते हैं)**

## गीत नं. 3 (हल्दी का)

हल्दी हठीली ने गांठ मठेली, बाई जी बालू रेत में।
सगला जोशीडा रा बेटा मारवाड़ सिदायाकुण म्हारे लगन लिखावसी।
लगन लिखावे बना रा सिमरथ बाबाजी जा घर विरद उतारसी।
सगला सोनीड़ा रा बेटा मारवाड़ सिधाया कुण म्हारे गोणा घड़ावसी।
गेणो घड़ावे बना रा सिमरथ काकासा जां घर विरद उतारसी।
सगला कंदोई रा बेटा मारवाड़ सिदाया कुण म्हारे छावा मुलावसी।
छावा मुलावे बना रा सिमरथ मामाजी जा घर विरद उतारसी।
सगला तंबोलीरा बेटा मारवाड़ सिदाया कुण म्हारे बिड़लो गूंथावसी।
बिडलो गुथावें बना रा सिमरथ बीरा जी जा घर विरद उतारसी।
सगला पंसारी रा बेटा मारवाड़ सिदाया, कुण म्हारे पडलो मुलावसी।
पडला मुलावे बना रा सिमरथ बहनोईजी जा घर विरद उतारसी।

# तेल चढ़ाने का गीत

## गीत नं. 1 (तेल चढ़ाने का)

**जितने बान निकलते हैं, उतनी ही सुहागिन स्त्रियाँ वरवधु को दूब घास से तेल चढ़ाती है।**

सुण-सुण ओ जोधाणा रा तेली, थारी घाणी केसर ने किस्तूरी,
ओ मांय घालो जायफल ने जावतरी।
ओ मांय घालो मरवो न मखतुली ओ तेल बनड़ा रें अंग चढ़सी ॥1॥
लेखो बांरा दादाजी करलेसी, ओ दमड़ा बांरा दादीजी भर देसी ओ ॥2॥
सुण-सुण ओ अजमेरा रा तेली, थारी घाणी केसर ने किस्तूरी,
ओ मांय घालो मरबो ने मखतुली।
ओ मांय घालो जायफल न जावतरी ओ तेल बनड़ा रें अंग चढ़सी ॥3॥
लेखो बांरा माताजी करलेसी, ओ दमड़ा बांरा बाबाजी भर देसी ॥ ओ...
लेखो बांरी भावज कीकर लेसी, ओ दमड़ा बांरा बीराजी भर देसी ॥4॥

## गीत नं. 2 (तेल चढ़ाने का)

**सरसों का तेल चढ़ाते हैं, यहाँ चमेली के तेल का जिक्र है।**

कांसी कटोरा रे मांय राय चमेली रो तेल।
तेल चढ़ावण जाय थांकी सूरजजी ओ नार।
तेल चढ़ावण जाय थांकी चन्दरमाजी ओ नार।
तेल चढ़ावण जाय थांकी...ओ नार।
हाथां में हरियो रूमाल गला में नौसर हार।
गला में नौसर हार फुलड़ा बीनन जाय।

# बन्ना (दूल्हा)

**घुडचढ़ी की रस्म एक विशिष्ट रस्म है। इस दिन सफेद व वेदाग घोड़ी की माँग रहती है। घोड़ी पर चढ़कर दूल्हा मन्दिर जाता है, सारे बाराती नाचते गाते चलते है, बैड़ बाजे और आतिशबाजी के साथ, लगभग विजयघोष के अंदाज में मंहगी से मंहगी घोड़ी मंगाई जाती है। यहाँ नवलगढ़ से घोड़ी लाने का जिक्र है।**

## गीत नं. 1 (बना की घोड़ी)

बना की घोड़ी नवलगढ़ से आई बना का दादोजी मोल मुलाई,
बना का ताऊजी मुलाई दांदाजी प्यारा आना पड़ेगा जरूर।
ताऊजी प्यारा आना पड़ेगा जरूर।
किले के सामने घर मेरा, बुरज के सामने घर मेरा...॥
बना की घोड़ी नवलगढ़ से आई बना का बापूजी मोल मुलाई,
बापुजी प्यारा आना पड़ेगा जरूर।
चाचाजी प्यारा आना पड़ेगा जरूर ॥
किले के सामने घ्घर मेरा, बुरज के सामने घर मेरा...॥

## गीत नं. 2 (घोड़ी तो चंचल)

**चंचल घोड़ी जो गढ़ मुलतान से मँगाई है।**

घोड़ी तो चंचल बनड़ा चालणी जी, हांजी बना
गढ़ मुलतान सैं आई, नवल बनाकी घोड़ी जौ चरै जी।
कै लख तीजन बनड़ा मोल ली जी, हांजी बना

कै लख बाबुल लेय, नवल वनाकी घोड़ी जौ चरैजी।
नौ लख तीजन बनड़ा मोल ली जी, हांजी बना
दस लख बाबुल लेय, बालक वनारी घोड़ी जौ चरैजी।
ल्याय बंधाई चम्पा बाग मैं जी, हांजी बना
हरी-हरी दूब चराय, नवल बनारी घोड़ी जौ चरै जी।
आठ खुरा दस बनड़ा वाटरा जी, हांजी बना
मैंदी रै राच्या पांच, नवल बनारी घोड़ी जौ चरै जी।
पीठ पलाजण बण्यो हीरां जड़्यो जी, हांजी बना
चाबकड़ी जलपोश, नवल बनारी घोड़ी जौ चरै जी।
मुखियाली तो बना हीरां जड़ी जी, हांजी बना
तीजण तिलक ललाट, नवल बनारी घीड़ी जौ चरै जी।
घोड़ी तेरी बनड़ा हद सिणगारिया जी, हांजी बना
इव बनड़ो सिणगार, नवल बनारी घोड़ी जौ चरै जी।
बागो तो सोबै बनड़ा केशरी गी, हांजी बना
माथै मोहर गज पाग, नबल बनारी घोड़ी जौ चरै जी।
सिरां ए सिंदूरी बनड़ा बींटली जी, हांजी बना
रतन कुंडल दोय कान, नवल बनारी घोड़ी जौ चरै जी।
कड़्यां कटारो बनड़ा बांकड़ो जी, हांजी बना
रतन कुंडल दोय कान, नवल बनारी घोड़ी जौ चरै जी।
पगां ए लखीण बनड़ा मोचड़ाजी, हांजी बना
मैंदी राच्या पांव, नवल बनारी घोड़ी जौ चरैं जी।
आगै चतर चढ़ बनड़ो घोड़ियांजी, हांजी बना
बाबुल धन बिलसाय, नवल वनारी घोड़ी जौ चरै जी।
ये कुणरा पोता बना घोड़ी चढ़ैंजी, हांजी बना
ये कुणरा दुहेल नवल बनारी घोड़ी जी चरै जी।
बाबाजीरा पोता बना घोड़ी चढ़ैजी,, हांजी बना
नानैजीरा ये दुहेल, नवल वनारी घोड़ी जौ चरै जी॥

## गीत नं. 3 (बागो में घोड़ी)

### घोड़ी का प्रबंध करने सभी घर के बड़ो का हाथ

बागों में घोड़ी ब्याहि ओजी बनड़ा जी,
थारोदादोजी मुलाई, थारा ताउजी मुलाई, गिरवरधारी कृष्णमुरारी
राधा रूकमण प्यारी हर प्यारी, बागों में घोड़ी ब्याही ओजी बानड़ा जी,
थारो बापुजीमुलाई थारोचाचोजी मोल मुलाइओजी बनड़ाजो
गिरवरधारी कृष्णमुरारी राधा रुकमण नारी लाग हर न प्यारी।
बागों में बनड़ी ब्याहि ओजी बनड़ा जी,
थारा बिराजी मुलाइ थारा मामाजी मोलमुलाई ओजीवनड़ा जी ॥

## गीत नं. 4 (चाल घोड़ी)

### दिल्ली आदि में छोड़ी को चलने से पहले चने की भीगी दाल खिलाने की प्रथा है, अन्यथा घोड़ी आगे बढ़ती ही नहीं।

चाल घोड़ी चाल तिजन क्यों खड़ी दरबार में,
क्यण बुलाई कुण सजाई कुण कारण आई।
यो दादोजी मुलाई ताईजी सजाई बना कारण आईयो,
खान देंगे पुड़ी कचोरी पिने को शरबत तैयार है।
चाल घोड़ी चाल तिजन क्यों खड़ी दरबार में,
बापूजी भुलाई अम्मा सजाई बनड़क कारण आईयो।
चाचाजी मुलाई चाची सजोई बनड़क कारण आइयो,
खाने को खसता कचोरी पिने को शरबत तैयार है,
चाल घोड़ी चाल तिजन क्यों खड़ी दरबार में ॥

## गीत नं. 5

### बन्ना तपधारी है और होशियार है

जी हसती थे भल ल्यायज्योसजी घुड़ला थे भल ल्याय,
करवा मारू देशरास बाहणरै भलकै थे आव।
बनड़ां तप धारी बाबाजी रो प्यारो हुशियार, बनड़ों तप धारीजी,
कलकत्ते मैं काली माई बम्बई मैं बंम्वा, काशी मैं कालो भैंरू,
सोमया बड़ी ए अपार ॥ बनड़ो तपधारी. ॥

## गीत नं. 6

### राठौर राजपूत बनड़े का यशगान

पेचो थाओ लाखो किलंकी किरोड़की जी,
थारी गरदनकी वया छिव कहूं बेटा उजीरंका जी।
बेटा उजीरका रठ्योडा राजपूतका जी,
ये जाय बनीने यू कहो मेरी सलाम छै जी।
टावरांकी संगत छोडद्यो हाथां मैं कलम ल्यो जी,
ये तार बांचणों सीखल्यो नादान उमरमैं जी।
राजा कलाके तलाव पर बंगलो मेरो छै जी,
शिरोखै झालो दे गई बेटी उजीरकी जी॥

## गीत नं. 7

### जमना के पानी में जाने की मनाही

बना हसती थे भल ल्याज्यो घूड़लारै धमकै आज्योजी,
बना नहीं जाऊं जमना पाणो
जमनाजीरो घांट दुहेलो मेरी भीज गई चम्पा साड़ी जी,
बना नहीं जाऊं जमना पार्ण
मेरी सासू लड़ै ज़िठानी, मेरी ननदलड़ै राधाप्यारी जी,
बना नहीं जाऊं जमन पार्ण

## गीत नं. 8

### बिना काजल, सुरमें के भी बन्ने के नैन कजरारे

बना मैं जाणूं पेचो बण्यो जी, थारी किलंगी रहीं रंग ल्याय,
कजलैं बिन अखियां लाल छै सुरमैं बिन अंखियां धूल रही,
दादाजीराजारा घर आप ओ लाल कजले बिन अंखिया लालछै
हंसती थे ल्याज्यो बना जी कजली देशरा जी,
हांजी बना घूड़लारै धमकै थे आब,
बनड़ने भावै डहरको बाजरो।

बाजरो तो बाजरो ए बनड़ी के करो जी,
हां ए बनी जीमो ना जिनवारा भात,
गरम करैगो डहरको बाजरो जी॥

## गीत नं. 9

### बन्ने का सौन्दर्य

हांजी बना हस्ती थे ल्याज्यो कजली देशका,
हांजी बना घुड़लारै धमकै आव।
(सीताराम) बना हांरी बैठक छोड़ द्यो।
हांजी बना करवा थे ल्याज्यो मारू देशका।
हांजी बना बाहणरे भलकै थे आव सीताराम वना.।
हांजी बना सोनो थे ल्याज्यो लंका पारको।
हांजी बना मोत्यांसैं हार पुवाय सीताराम बनाजे।
हांजी बना दूध पीवो द, रू छोड़ द्यो।
हांजी बना छोड़ कलालीको हेतु सीताराम बना.।
हांजी बना स्यालू थे ल्याज्यो सांगनेर की।
हांजी बना मिसरुकी कोर लगाय सीताराम बना.।
हांजी बना पडलो थे ल्याज्यो पूरब देशको।
हांजी बना चुड़लो थे ल्याज्यो हस्ती दांतको।
हांजी बना चुड़लेकै नकश लगाय सीताराम वना.।
हांजी बना थारो झिरोखांरो बेठणो,
हांजी बना म्हारो छै आसण, जाण सीताराम बना.।

## गीत नं. 10

### बन्ने को दिल्ली का नवाब-सा बनाना

नवल बना हसती ल्यावो जी नवल बना गुरला लाज्यो,
जितन बनाऊ दिल्ली को नबाव नबाव किल पर कमरो जी।
महल बीच गंगा बह रही जी फुआरा छुटरहा बारम्बार,
महल विच चोपड़े खील रहि जी कि पासा डूल रहा बारम्बार,

यह विच गद्दा बिछरया जी कि तकियां लग रया बिसमा पार,
नवल बना सोनो लाज्योती, नवल बना रुपो लाज्योजी,
नवल बना चुड़ो लाज्योजी, नवल बना मेहजी लाज्योजी,
नवल बना जानी लाज्यो जी, नवल बना बनड़ी ल्याज्योजी।
बनाऊं तन दिल्ली को नवाव नवाव किल पर कमरोजी,
कि सोनरी लग रही झाड़ गीलास. ॥

## गीत नं. 11

### बन्ना सड़कों पर पतंग उड़ाने में मस्त है और बिना देखे लड़की पसन्द नहीं कर रहा–

बन्ना खेल सड़कों पे उडावैं पतंग,
बन्ने का दादा जी वोलें वन्नी करलो परसन्द।
विना देखे वताओ करूं क्या परसन्द ॥
गुल वन्नी की फोटू मंगाई नहीं,
लाके कमरे में मेरे सजाई नहीं,
विना देखे बताओ करूं क्या परसन्द ॥
जरा कहने में आती है तुझको शरम,
बन्ना खेलें सड़कों पे उड़ावें पतंग,

## गीत नं. 12

### विवाहोपरान्त बन्ने को पहले जैसा रहने की सलाह

बना हसती थे वल ल्याय के घुड़ला ल्याणा,
वायण के भलके आव, भूल मत जाना ॥टेर॥
बना सरल नामक बाग मुझे दिखलाना,
बागों में क्या क्या चिज मुझे वतलाना।
बनां हसती थे बल ल्याय के घुड़ला ल्याणा,
वायण के भलके आव, भूल मत जाना।
वन्नी नाचे दादूर, मोर उन्हें तो मत छेड़ो,
कच्चे हैं दाड़म, दाख उन्हें तो मत तोड़ो।

बन्नां वागों में लग आई भूख, होटल ले चालो,
बन्ना द्यो खर्सी मेज घलाय, चाय वाणावाद्यो।
वन्नी चाय वड़ी है खराब, तो विस्कुट मंगवाधो,
बन्ना हसती थे बल ल्याव कै घुड़ला ल्याणां,
वायण के भलके आव, भूल मत जाना ॥

## गीत नं. 13

### हास-व्यंग्य, अति आधुनिक बन्नी का उपहास

रघुपती राघव राजाराम, ऐसा बन्ना मुझे दो भगवान ॥
रोज सुबह मुझे जल्दी उठाए, जल्दी उठा के चाय पिलाये,
ओर कहे पिओ पिओ मेरी जान ॥1॥ ऐसा बना मुझे दो भगवान...
रोज शाम को होटल में जाये, होटल ले जा के डिनर कराये,
ओर कहे खाओ खाओ मेरी जान ॥2॥ ऐसा बना मुझे दो भगवान...
रोज रात को सेज सजाये, सेज सजा के दूध ले आये,
ओर कहे पिओ पिओ मेरी जान ॥3॥ ऐसा बना मुझे दो भगवान...
एक तारीख को तनखा लाये तनखा लाके बनी को दे जाये,
ओर कहे खर्चो खर्चो मेरी जान ॥4॥ ऐसा बना मुझे दो भगवान...
रोज शाम मुझे पिक्चर ले जाये, पिक्चर ले जाके मौज कराये,
ओर कहे देखो देखो मेरी जान ॥5॥ ऐसा बना मुझे दो भगवान...

## गीत नं. 14

### आधुनिक गीत है। अर्थ गाम्भीर्यका अभाव

इचक दाना बिचक दाना, दाने उपर दाना इचक दाना।
बनी बैठी बाबुल के घर, बना है दिवाना। इचक दाना...
रोज रोज बाजार में जाकर, रसगुल्ला ले आता है।
दादी को दिखला दिखला कर, बनी को खिलाता है।
दादी जले मन ही मन में कैसा है जमाना। इचक दाना...
रोज रोज बाजार में जाकर, गहने लेकर आता है।
मम्मी को दिखला दिखला कर, बनी को पहनाता है।

मम्मी जले मन ही मन में, कैसा है जमाना। इचक दाना...
रोज रोज बाजार में जाकर, साड़ियां लेकर आता है।
भाभी को दिखला दिखलाकर, बनी को पहनाता है।
भाभ्झी जले मन ही मन में, कैसा है जमाना। इचक दाना...
रोज रोज टाकीज में जाकर, टिकिट लेकर आता है।
बहना को दिखला दिखलाकर, बनी को ले जाता है।
बहना जले मन ही मन में, कैसा है जमाना। इचक दाना...

## गीत नं. 15

### शादी के बाद बढ़ता खर्च और घर की महिलाओं पर निशाना

शादी का शुभ दिन आया, बटुआ जो खाली पाया।
खर्चा बढ़ेगा मेरी जान, कम से कम बुलाना मेहमान।
ओरे हरियाले बना, दादा को साथ लाना।
दादी रानी को बना, तीरथ में छोड आना।
बच्चों की हलचल बढ गई, महंगाई जोर कर गई। खर्चा बढ़ेगा...
ओरे हरियाले बना, पापा को साथ लाना।
मम्मी रानी को बना, मंदिर में छोड आना।
शादी की हलचल होगी, बच्चों की पलटन होगी। खर्चा बढेगा...
ओरे हरियाले बना, चाचा को साथ लाना।
चाची रानी को बना, रसोई में छोड आना।
बच्चों की हलचल बढ़ गई, महंगाई जोर कर गई। खर्चा बढेगा...

## गीत नं. 16

**अधिकांश बोलियों में अति लोकप्रिय है। घर के पुरुषों को कमाने वाला और स्त्रियों को खर्चीली बनाना**

ओ छोले वाले रे
गलियों में आके शोर किया
ओ छोले वाले रे...

बरने के बाबा बड़े शौकिया
भर-भर दोने लाते हैं
बरने की दादी बड़ी चटोरी
भर-भर दोने खाती है
चाटा पत्ता फेंक दिया रे
गलियों में आके शोर किया...

बरने के ताऊ, चाचा बड़े शौकिया
भर-भर दोने लाते हैं
बरने की ताई, चाची बड़ी चटोरी
भर-भर दोने खाती हैं
चाटा पत्ता फेंक दिया रे
गलियों में आके...

बरने के नाना बड़े शौकिया
भर-भर दोने लाते हैं
बरने की नानी बड़ी चटोरी
भर-भर दोने खाती है
चाटा पत्ता फेंक दिया रे
गलियो में आके...

## गीत नं. 17

### घुडचढ़ी

घोड़ी म्हारी चुतर सुजाण
नरवर गढ़ से उतरी ओ राज
घोड़ी कुण थाका खर्चेला दाम,
कुणी के कारण आविया राज
बना का बाबासा खर्चेला दाम
बना के खातिर आविया ओ राज
बनड़ो म्हारो पूजन को सो चांद
घोड़ी ऊपर बैठयो सो राज
जावांला उस लापरिया की पोल
बनड़ी लास्यां रूप की ओ राज
मायड़ म्हारी ऊने मुखड़ो मोड़
चाहे मूने मुखड़ो मोड़
पूत पराया हो गया जी राज
भावज म्हारी डागला से डाक चाहे चोबारा से डाक
देवर पराया हो गया जी राज
बैनड़ म्हारी सोला गज, नाप चाहे सतरा गज नाप
हाथ को दियोड़ो ले जावसी जी राज

## गीत नं. 18

### बन्ने को हरियाला, शहजादा बताना आम बात है

मेरे हरियाला बना, मेरा शहजादा बना, दुल्हनियां ब्याहने चला-2
तेरा दादा गये, तेरे बाबा गये, समधीवालों के घर, जाके हमला किया,
लड़की वालो के घर, जाके हमला किया,
माल खूब लेके आये, दुल्हनियां ब्याह लाये, आनन्द खूब लिया।
मेरे हरियाला....
**नोट**– इसी प्रकार सभी के नाम लेना।

## गीत नं. 19

### घोड़ी इन्द्रलोक से आयी, बन्ने का हुआ पूरा शृंगार

बनड़ो म्हारो रे सगलां मं ओ तो लागे प्यारो रे, बनड़ो म्हारो रे,
केसरिया बनो मन मोहे, पाग किलंगी साजे रे,
अरे-सज्यो धज्यो म्हारो कंवर लाड़लो राजा लागे रे। बनड़ो...
इन्द्रलोक सू घोड़ी आयी अद्‌भुत साज सजायो रे,
धिनक धिनक धिन घोड़ी नाचे, सब हरायो रे। बनड़ो...
विश्वकर्मा सूं बनड़ी खातिर बनड़ो महन चुणायो रे,
अरे साने चांदी का खम्भा में ओ रतन जड़ायो रे। बनड़ो...
गूंजे मंगलाचार द्वार पे, बाज रही शहनाई रे,

## गीत नं. 20

### हल्दी

म्हारी हलदी रो रंग सुरंग निपजै मालवे,
हलदी मोल पंसारी री हाट, बनड़ा रे सिर चढ़े
हलदी मोलवे-थारी माता रे मन कोड धणा करै,
म्हारी हलदी रो रंग सुरंग, निपजे मालवे
हलदी मोल पंसारी री हाट बनड़ा रे सिर चढ़े
चिरंजीवो रायजादा रा काकोजी चतुर सुजाण,
हलदी मोलवे-थारी काकियां रे मन कोड धणा करे
म्हारी हलदी रो रंग सुरंग, निपजै मालवे
हलदी मोल पंसारी री हाट बनड़ा रे सिर चढ़े
चिरजीवो रायजादा रा मामाजी चतर सुजाण
हलदी मोलवे वारी मामिया रै मन कोड धणां करे
म्हारी हलदी रो रंग सुरंग, निपजै मालवे
हलदी मोल पंसारी रही हाट बनड़ा रे सिर चढ़े

## गीत नं. 21

### घुड़चढ़ी

घोड़ी बरसाने से आई
यापै चढयो न उतरयो जाए

घोड़ी पै वाके बाबा चढावें
घोड़ी पै वाके ताऊ चढावें
उछलि-उछलि रहि जाए

लै गोदी वाकी दादी चढावें
लै गोदी वाकी ताई चढावें
झट्ट कूद चढि जाए

घोड़ी पै वाके चाचा चढावें
घोड़ी पै वाके मामा चढावें
उछलि-उछलि रहि जाए

लै गोदी वाकी चाची चढावें
लै गोदी वाकी भाभी चढावें
झट्ट कूद चढ़ जाए
घोड़ी...

## गीत नं. 22

### घुड़चढ़ी

चंचल घोड़ी चांदनी मथुरा से आई
लो मेरे बाबा मोल लो थारी होय बड़ाई

कै लख घोड़ी का मोल है कै लख में चुकाई
नौ लख घोड़ी का मोल है दस लख में चुकाई

पैरों में घुंघरू बाजते, देखें लोग लुगाई
एड़ लगा बन्ना चढ़ गया पीछे सब भाई

टप-टप घोड़ी चल पड़ी समधी के आई
चंचल घोड़ी चांदनी मथुरा से आई

लो मेरे बाबा मोल लो थारी होय बड़ाई
लो मेरे बाबुल मोल लो थारी होय बड़ाई
लो मेरे ताऊ मोल लो थारी होय बड़ाई

# बनड़ी (दुल्हन)

## गीत नं. 1

### साँवला वर स्वीकार नहीं

बाई को बाबो बुझैं बाई नैं बात माड़ै कै नीचै क्यूं रे खाड़ी।
बाबोजी दादीजी बोल्या म्हानैं बोल वाई को बर सांवलियो ॥
बाई सांवलिया ए सिरदार गढारा मोटा राजवी।
बाई सोनाकी भरी दूकान चांदी तो तुलै ताखड़ियां ॥
बाई म्होरांरी चलै ए बेपार गिन्नी तो तुलैं ताखड़ियां।
बाई मोत्सांरो चलै ए बेपार हीरा तो तुफै ताखड़ियां ॥

## गीत नं. 2

### बन्ना-बन्नी दोनों शानदार थोड़ा फिल्मी प्रभाव का गीत है

रवड़ी की बाहार है गले बिच हार है।
आजा मेरी बनड़ी तेरा इन्तजार है ॥
बाजूबन धन पछेली चुड़ले कि बहार है।
बनड़ा मजेदार है बनड़ी रसगुल्लेदार है ॥
बागो बिच चालो बनड़ी तेरी यह बहार हैं।
पायलपेरोया साड़ी पेरो चुनड़ कि बहार है।
चुनड़ कि बहार है बनड़ी मज्जेदार है।
आजा मेरी बनड़ी तेरा इन्तजार है।
पोड़र कि बहार घुमन कि बहार है।
आजा मेरी बनड़ी सेनीमा कि बहार है ॥

## गीत नं. 3

### बन्नी का शृंगार

बनी माथ न ए मथ पेरो रगड़ी रतम जड़ाओ।
मेरी अरज सुनो मेरी आज दादाजी से हंस बतलाओ ॥
ताऊजी मोहे परनाओ मलजुग का यही जमाना।
बनी ठेठ बनारस जाबां वानी बनारस कि साड़ी ल्यांबा ॥
अजी मुलांवा मेरे हाथ बनी न लाय पहनावा।
बनी बाबूजी से चाचाजी से अरज करि है ॥
चाचाजी मोहे परनावो कलजुग का यहि जमाना।
बना ठेठ जयपुर जावो जयपुर को लहरो लावो ॥
पहनावो अपने हाथ जरा मत शरमावो।
अजी मेरे घूघरवाले केश चोटिका फिती लावो ॥

## गीत नं. 4

### बन्नी द्वारा घर के बड़ों से विवाह न कराने की बात कहना कि मैं तो लाडो पली फिर अपने से अलग क्यों किया जा रहा है।

बापुजी मेरी अजर मानलो, मेरे पूज्य बापूजी।
बड़े चाव से पाली पोसी कितने लाड़ लड़ाये थे ॥
तुम हो मेरी प्यारी बेटी यूं कहकर समझाये थे।
आज मुणे कर दई पराई, मेरे पूज्य बापूजी ॥
आंखे से मत नीर बहाओ, मन में ना कुछ करो विचार।
दुनिया की है रीत पुरानी, लड़की जाती है ससुराल।
नारी जीवन की अजब कहानी, मेरी लाड़ली बेटी ॥
सास ननद ताना मारें तो, हंसते हंसते सह लेना।
रोष चढ़े कितना भी उनको, प्रेम से बस में कर लेना।
यों अपने घर को स्वर्ग बनाना 'मेरी लाड़ली बेटी।
कभी विपत का देख अंधेरा, धीरज तेरा ना छूटे ॥
कितनी भी आ जाय गरीबी, पर उधार नहीं लेना ॥
माये का आदर बहुत दिखाना, मेरी लाड़ली बेटी।

चंचल मनको बस में रखना, संग में न वह जाना।
अनुसूया, दमयन्ती जैसी सतवनती तुम बन जाना।
अपनी बहनो को तुम राह दिखाना, मेरी लाड़ली बेटी।
देखेगा संसार अनोखा, यह तेरा आदर्श महान ॥
झुके युगल चरणों में तेरे, गुण गाये तेरै नित गान।
रोज सबेरे सबसे पहले, सास ससुर को करो प्रणाम।
हो प्रसन्न वो जो फरमाना, उसी तरह करना सब काम।
कमी न करना मनमाना, मेरी लाड़ली बेटी ॥
पति-परमेश्वर की सेवा कर, उनके मन बस जाना।
सर्वस्व हृदय अर्पण कर देना, कभी न छल मन लान ॥
लूं उनकी छाया बन जाना, मेरी लाड़ली बेटी।
सारा सदा छोटो का करना, पूज्य जनो का करना मान ॥
जीवन साथी कभी न रुठे, सावधान हो रखना ध्यान।
वो रुठो तो तुम मुस्काना, मेरी लाड़ली बेटी ॥
कुलबधू बन ससुराल में रहना, मेरी लाड़ली बेटी।

## गीत नं. 5

### बन्नी को घर के बड़े बूढ़ों की लाज

बनीथारै बाबाजी बाग लगाइयो बनी थारै ताऊजी बाग लगाईयो।
सींचो-सींचो सबल हुसियार आज आओ बनी रंगमहल मैं।
बना क्यूं कर आवां थारै महलमैं आवै बाबाजीरी लाज।
म्हानैं आवै ताऊजी री लाज राज किसविध आवां थारै महलमैं।
हां ए बनीजी बाबोजी देखै तो अपनो के लेवै ए।
ताऊजी देखैतो अपनो के लेगै थारौ पांच पंचामैं पकडयो हाथ।
थारो भरीए सभा में पकडयौ हाथ राज आवौए बनी रंगमहल मैं
आंपा खेलों चोपड़जी ए ख्याल राज आवौ बनीए रंगमहल मैं।

## गीत नं. 6

### बन्नी को सोने की किलफ का उपहार

बनीके दादाजी आयेगे किलफ सोने की लायेंगे।
बनी तुम पहनकर देखो कि राम व्याहने को आयेंगे ॥
बनी के ताऊजी आयेंगे किलफ हीरे की लायेंगे।
बनी तुम पहनकर देखो कि लक्ष्मण व्याहने को आयेंगे ॥
बनी के चाचा जी आयेंगे कि हार माणक का लायेंगे।
कि बनी तुम पहनकर देखो भरत ब्याहने को आयेंगे ॥
बनी के बिराजी आयेंगे कि तकमा नगीने का लायेंगे।
बनी तुम पहनकर देखो कि शत्रुघन व्याहने को आयेंगे ॥
बनीके मामाजी आयेंगे तागड़ी मोतियो कि लायेंगे।
बनी तुम पहनकर देखो कि बनाजी व्याहने को आयेंगे ॥

## गीत नं. 7

### बन्नी का साज श्रृंगार

बनीये माथानै मैमद पैरोक ओर पैरो गनगजरा को हार।
बन्नीजी कूटुम कबीलोतो सारो गोरोकि आपकालाकाये से बन्यां ॥
कि हांजी बन्नीये कूद पड्या कालीदह मैं कालिया वासकी नागसैं लड्या।
हांजी बन्नी ये गलंनै हारजै पहरो, बन्नीये बहियानैं बाजूवंद परो।
कि पूंज्यां नौं चुड़ो पैरो क और पैंन्हों गनगजरा को हार।
हांजी बन्नी कुटुम कबीला सांरोकालो आपगोरी कायेसी बणी ॥
बनांजी पिया केशरका प्याला कि और पियाक दूधका गिलास।
इस विध गोरी बन्यांजी पिया ॥
हांजी बन्नी ये कड़िया नें दाबण पहिरो कि माथां नै।
चूनड़ ओड़ो जी और पहिनो गन गजरा को हार ॥

## गीत नं. 8

### बन्नी का अंग्रेजी पढ़ना

बनीके तांई बाग लगायो है, बनीकै तांई बाग लगायो है।
घूमणकूं हो गई देर मुझे तो फुलड़ा यहीं मांगाद्यो जी।
बनी पढ़ै अंग्रेजी मदर सैनयो खुलाद्योजी मदरसैनयो खुलाद्योजी ॥
बनीकै तांई होद खिणायो है बनीकै ताई भात पसाया है,
न्हावणकूं हो गई देर मनैं तो अठे ही न्हुवाद्यो जी।
मनैंतो यहीं जिमाद्यो जीवनी पढ़ै अंग्रेजी मदरसै नयोखुलाद्योजी ॥

## गीत नं. 9

### बन्नी का नख-शिख शृंगार

माथैनै मैमद पैरल्योजी थारी रखड़ी है अनमोल।
कानांमैं कुण्डल पैरल्योजी थारा खैचा है अणमोल ॥
मोटर हलवां हांको ड्राइवर बनड़ी है नादान।
बैठणवाली लाड़लीजी यो हांकै चतुर सुजान।
मोटर धीमाधीमा हांको डाइवर बनड़ी है नादान ॥

## गीत नं. 10

### कम उम्र में शादी से मनाही

दादोजी री लाड़ली बनड़ी अरज ताऊजी से करती है।
ताऊजी मेरी मत करो शादी कि उमर बारा बरस की है ॥
नाव लिखाद्यो कागरेस मैं जी बणूंगी सारदा देवी।
बापूजी री लाड़ली बनड़ीं अरज चाचाजी से करती है।
चाचाजी मेंरी मत करो शादी, कि उमर बारा बरस की है ॥
नांव लिखाद्यो भारत में बणूंगी सारदा देवी ॥
बीरा जी री लाड़लीं बनड़ी अरज मामोजी से करती है।
मामोजी मेरी मत करो शादी कि उमर बारा बरस की है।
कि नांव लिखाद्यो कांग्रेस में बणूंगी इन्दिरा देबी।
दादोजी री लाड़ली बनड़ी अरज ताऊजी से करती है।

## गीत नं. 11

बालकिया बनड़ा पेचो मंगाद्यू एक मौजको।
पिलंग चढ़ बाधताक्यूं नाओ पिलंग चढ़ बाधता क्यूं ना ओ ॥
छोटासा बनड़ा काची कली मततोड़ोओं माली की देगी ओलमा।
थारै ताई ओ मालीकी देगी ओलमा ॥
वालकियाबनड़ा पाकण द्यो, रस होणद्यो, झुकाय द्यूंगी डालियां।
मैं थारै तांई ओ झुकाय द्यूंगी डालियां ॥

## गीत नं. 12

### बटुआ प्रसंग

बाई का बाबोजी वो थे तो एक जस ल्यो।
बाई का ताऊजी थे तो एक जस ल्यो ॥
म्हारै बटवै को चार पकड़ क्यूं ना ल्यो।
म्हारै ब्टवै को चोर पकड़ क्यूं ना ल्यो ॥
बाई काहेको बटवो, काहेकी डोर।
बाई कुण थारो ए लाडो, बटवै को चोर।
बाबोजी सोनैको वटवौ, रेशम की डार।
ताऊजी लाडलो जंबाई म्हार बटवै को चोर ॥
बाई देवर होय तो पकड़ क्यूं ना ल्यां।
बाई देवर होय तो पकड़ क्यूं ना ल्यां ॥
बाई  लाडलो जंबाई म्हासै पकडयौं ये न जाय।
बाई हरखीलो जंवाई म्हासै पकडयो ये न जाय ॥

## गीत नं. 13

### बनड़ी और परिवार

बनड़ी ए थारो दादाजी समझाय।
म्हारी चावक पार उतारसी जी म्हांरा राज ॥
बनड़ा ओ थारी दादी गेणै मेल।
दमड़ासै चावक उतरै जी म्हारा राज।
बनड़ी ए थे कड़वा बोल न बोल।
दमड़ासै पार उतारां जी म्हारां राज ॥

## गीत नं. 14

### मंडपसजाने में घर के सभी बड़ो की प्रशंसा

लाडलीयावर लाडी आया रे हमर भली रली,
मेरी आछी लाड़ी, पाना मंडप तेरा बाबुल छाया।
तेरा ताउ चाचा छाया, तेरा वीर भतीजा छाया,
तेरा नाना मामा छाया, तेरा जीजा फुफा छाया,
छायासो मंडप कुसम नोनिद करो मेला कामिनी,
सो तेरा मामुल घरवो देसी जी, सो तेरा मामुल इवचल रह सी।
मुलाय मामुल दंडखंड सो तेरा मामुल इवचल रहसी,
जी परवा साहजी शंकरलाल साहब पोती।
परनाय दादुल घरड़ पोतीं चोक चनन पुरीया,
जी करीए बेल सुरंग गाज घर मंडल तुरीया।
मंडल मंडल चार हुवा रैंन सागर जातीया,
उजलीए सुहाग मंडल घर मंडल तुरीता,
मिलहड़ी साजन रंग कर सोय रहूया।
जी परना साहजी दशरथलाल घर बांकी धीया,
मिलहड़ी साजन गल भर गैना
जी एरना कंवर रामचन्द्र लक्ष्मणलाल मैना,
देव नदी पगराय निरंजन वंश मकुह दिलशा।
लाड़लीए बेटी देर अशीश मेरा बाप सोयब चीरंजावा।

## गीत नं. 15

### बन्नी के लिए ससुराल जाने पर सलाह

जैसे निमड़ी की छाया, वैसे मात पिता की माया,
माया छोडनो पडसी, ससुराल जावनो पडसी।
जैसे आगरे का पेठा, वैसे देवर जेठ सरीसा,
मान राखणो पडसी, ससुराल जावनो पडसी।
जैसे बम्बई की भेल, वैसे नणंद बाई का खेल,
खेल खेलनो पडसी, ससुराल जावनो पडसी।
वेतो लक्ष्मण जैसे देवर वो तो कदयन भेजे पियर,
केणो मानणो पडसी, ससुराल जावनो पडसी।
वेतो राम जैसे पति, रहनो जैसे अहिल्या सती,
धरम निभावणो पडसी, ससुराल जावनो पडसी।

## गीत नं. 16

### बन्नी द्वारा धन व श्रृंगार की माँग

बन्नी सोने की अंगूठी रूमाल मांगे,
अपने दादाजी से रुपया हजार मांगे,
दादी रानी से सोलह सिंगार मांगे। बन्नी...
बन्नी हीरे का हार मांगे, निकलिस मांगे,
अपने मामाजी से रुपया हजार मांगे,
मामी रानी से सोलह सिंगार मांगे। बन्नी...
बन्नी पन्ने के कंगन जड़ाऊ मांगे,
अपने काकाजी से रुपया हजार मांगे,
काकी रानी से सोलह सिंगार मांगे। बन्नी...
बन्नी चांदी की पायजेब, बिछिया मांगे,
अपने फूफाजी से रुपया हजार मांगे,
भुवा रानी से सोलह सिंगार मांगे। बन्नी...

## गीत नं. 17

### ठीक यही गीत बन्ने के लिए भी कई बोलियों में चलन में है

हो चने वाले ने गलियों में आके शोर किया रे।
बनी के दादा बडे कमाऊं, भर-भर दोने लाते हैं।
बनी की दादी बड़ी चटोरी, भर-भर दोने खाती है।
चाट के दोना फैक दिया रे, गलियों में आके शोर किया रे।
हो चने वाले ने गलियों में आके शोर किया रे।
बनी के चाचा बडे कमाऊं, भर-भर दोने लाते हैं।
बनी की चाची बड़ी चटोरी, भर-भर दोने खाती है।
चाट के दोना फैक दिया रे, गलियों में आके शोर किया रे।
हो चने वाले रे गलियेां में आके शोर किया रे।
बनी के मामा बडे कमाऊं, भर-भर दोने लाते हैं।
बनी की मामी बड़ी चटोरी, भर-भर दोने खाती है।
चाट के दोना फैक दिया रे, गलियों में आके शोर किया रे।

## गीत नं. 18

### फेरों से पहले बनड़ी नहीं बनड़ा की

एक फूल खिला आधी रात, बना ने पकडा हात बनी तू हमारी है।
छोड़ो-छोड़ो बनासा मेरा हात, मैं अभी तो कवारी हूं।
मेरी बाबाजी देंगे कन्यादान, जोडेंगे दोनों हात, मैं तभी से तुम्हारी हूं॥
मेरे काकाजी देंगे कन्यादन, जोडेंगे दोनों हात, मैं तभी से तुम्हारी हूं॥
मेरे बीराजी देंगे कन्यादान, जोडेंगे दोनों हात, मैं तभी से तुम्हारी हूं॥
मेरी जीजाजी देंगे कन्यादान, जोडेंगे दोनों हात, मैं तभी से तुम्हारी हूं॥

## गीत नं. 19

### बन्नी द्वारा सास, ससुर, जेठ-जेठानी आदि के अनासक्ति के भाव

महलां बैठया बन्ना सा झरोखां बैठी आय।
सुनोजी बन्नासा म्हारा मनड़ा री बात ॥
सुसराजी का रगड़ा म्हासे सह्या ही न जाय।
सासूजी का बोल कलेजे लग जाय ॥सुनो॥
काल की परण्योड़ी न्यारी हुई नही जावे।
आपका हुकम बिना पीहर जायो ही न जाये ॥सुनो॥
जेठसा रा बोल म्हासे सहया ही न जाये...
जिठानी को पिक्चर जाबो सहयो ही न जावे ॥सुनो॥
देवर जी को पिकनिक जाबो सहयो ही न जाये।
देवराणी को आफिस जाबो सहयो ही न जाये।
काल की परन्योड़ी न्यारी हुई नहीं जावे ॥सुनो॥
सुनोजी बन्नासा म्हारा मनड़ा री बात।

# 8

# भजन

राजस्थान के अधिकांश भागों में हिन्दू-संस्कृति में वर्णित अनेकों पौराणिक पर्वों के साथ कुछ प्रादेशिक पर्वों के गीतों का भी चलन है। इन पर्वों में पार्श्व में धार्मिकता की भावना, समाज के हित में प्राण न्यौछावर करने वाले नर-नारी, प्रजा के प्रति सद्भाव रखने वाले राजपूत राजाओं व रानियों की वीरता, पराक्रम, त्याग, जौहर आदि के गुणगान वाले गीत भी प्रचलित हैं। गणगौर, आखा तीज, सावण री तीज, राखड़ी पूनम, दशहरा, गोगा नवमी, दीपावली, होली आदि निश्चित पर्वों के गीत हैं, तो शिव-पार्वती, गणेश, लक्ष्मी, श्री राम आदि की पूजा-अर्चना के भजन भी हैं। 'गणगौर' पार्वती की उपासना के ही गीत हैं। कीर्तन-भजन आरंभ करने से लेकर आरती, प्रसाद तक के भजन चलन में है। ईश्वर के लगभग सभी रूपों की उपासना की जाती है।

# भजन

## गीत नं. 1

### ईश्वर बिना प्राण नहीं

मेरे प्राणों के आधार, हरि आ जाओ
इक बार, हरि आ जाओ हरि आ जाओ।
मैं ढूंढूं सब दरबार हरि आ जाओ इक बार...

मैंने बहुत गुनाह जीवन में किये, अमृत छोड़े और
जहर पीये मेरी नैया लगा दो पार हरि आ-आ...

तू मेरा हैं, मैं तेरी हूं, मैं जन्म-जन्म से तेरी हूं।
प्रभु दर्शन दो इक बार हरि, मेरा छोटा सा परिवार-हरि आ जाओ-जाओ

धनश्याम मुरारी मधु सुधन, आओ-आओ मेरे कृष्ण कमल।
मेरा मनवा करे पुकार हरि आ जाओ इक बार।

अब तुम बिन रहा नहीं जाए, मेरा मनवा बड़ी ही घबराए
मेरी सुन ले नाथ पुकार हरि आ जाओ इकबार, मेरे प्राणो के आधार।

जोगी की भेष बना कर के, इस तन पर भस्म रमा कर के
मैं तो अलख जगाऊं तेरे द्वार हरि आ जाओ इक बार
मेरा छोटा सा परिवार हरि आ जाओ इक बार

## गीत नं. 2

### बजरंगी हनुमान की उपासना

बजरंगी हमारी सुन ले,हमारी सुध लेना,
विनय तुमसे बार-बार तेरे चरणों में
मैं लोट जाऊंगी रो-रो के मैं हाल सुनाऊंगी
जैसे चाहोगे वैसे मनाऊंगी, विनय तुमसे बार-बार हैं।
मुझ में अवगुण अनेकों हजार है पर तेरी भी महिमा अपार,
जरा सोयो तो बेड़ा पार है, विनय तुमसे बार-बार हैं।
जब राघव तुम जाना, वहां मेरी भी चर्चा चलाना,
मेरा हाल हरि को सुनाना, विनय तुमसे बार-बार हैं।

## गीत नं. 3

### कबीर की नज़र में ईश्वर से भी बड़ा गुरु है। यहाँ भी सतगुरू की महिमा का वर्णन

सतगुरु स्वामी मुझको देना सहरा,
कही छूट जाये ना दामन तुम्हारा,

तेरे रास्ते से हटाती है दुनिया,
इशारों से मुझको बुलाती है दुनिया,
ना मैं किसी की दाता, ना कोई
हमारा कहीं छूट जाए ना दामन तुम्हाना।

तेरे नाम के गीत गाती रहूं मैं
सुबह शाम तुमको मनाती रहूं मैं,
तेरा नाम है मुझको प्राणों से प्यारा
कहीं छूट जाये न दामन तुम्हारा।

सिवा तेरे दिल में समाये ना कोई,
लग्न का ये दीपक बुझाये ना कोई,

तूं ही मेरी किश्ती, तू ही है किनारा।
की छूट जाये न कोई दामन तुम्हारा।

बड़ी मुश्किल से नर तन पाया, ब्याज भी
गवाया मैंने मूल भी गवाया। मुझे इस
नुनिया में न भेजना दुबारा,
कहीं दूट जाये न दामन तुम्हारा।

## गीत नं. 4

### राम नाम की महत्ता

राम नाम अति मीठा है कोई गा के देख लें
आ जाते हैं राम कोई बुला के देख लें।

मन भगवान का मन्दिर हैं, यहां मेल ना आने देना
हीरा जन्म अमोल मिला, इसे व्यर्थ गवा न देना
हरि शीश झुकाए मिलते हैं, झुझा के देख लें
आ जाते हैं राम कोई बुला के देख ले।

ज़िस मन में अभिमान भरा, भगवान कहां से आए
जिस घर में अंधकार भरा, मेहमान कहां से आए
हृदय ज्ञान की ज्योति जला के देख ले
आ जाते हैं राम कोई बुला के देख ले।

शिद्ध अजामिल  शनि का ने ऐसी करी कमाई,
नीच कर्म करने वाला तर गया सदना कसाई
पत्थर से भगवान प्रकटे है, प्रगटा के देख ले
आ जाते हैं राम कोई बुला के देख ले।

उल्टे नाम से आ जाते, कोई हैं बुलाने वाला।
बिक जाते है राम, है कोई मोल लगाने वाला।
कोई जौहरी आ के मोल लगा के देख ले
आ जाते है राम कोई बुला के देख लें।

## गीत नं. 5

### अगर भक्ति है तो ईश्वर अवगुणों को अनदेखा कर देते है।

मन तो मेरा अवगुणों की खान प्रभु जी
केसे होगा मेरा कल्याण प्रभु जी

गंगा भी नहाई, जमुना भी नहाई,
किया नहीं सरजु स्नान प्रभु जी
कैसे होगा मेरा कल्याण प्रभु जी

देवी भी पूज आई, शिवजी भी पूज आई,
किया नहीं पूजा में ध्यान प्रभु जी
कैसे होगा मेरा कलयाण प्रभु जी

गीता भी पढ़ी सुख सागर भी पढ आई
किंया नहीं पढ़कर अमल प्रभु जी
कैसे होगा मेरा कल्याण प्रभु जी

कोड़ी कोड़ी माया जोड़ी किया नहीं हाथों से दान प्रभुजी
कैसे होगा मेरा कल्याण प्रभुजी

## गीत नं. 6 (गणेश भजन)

### आदि वन्दना गणेश वन्दना–

गण्णपति विघ्न करो, सब दूर मैं तरे चरणों की हूं धूल,
गणपति विघ्न करो सब दूर।

जो कोई आदि गणेश मनावे, मन इच्छा सोई फल पावे,
कष्ट करें सब दूर गणपति विघ्न/कष्ट करो सब दूर
मैं तेरे चरणों की हूं धूल।

शिवजी है कैलाश के वासी, पारवती है उनकी दासी
हाथों में त्रिशूल, गणपति हाथों में त्रिशूल
मैं तेरे चरणों की हूं धूल...

गौरा जी के हो नन्दलाला, ज्ञान ध्यान का खोलो ताला
भंडारा भरपूर गणपति भंडारा भरपूर, मैं तेरे चरणों की हूं धूल।

सिर पे मुकुट गल मोतियन माल, मूसे सवारी गौरा जी के लाला
मस्तक चढ़े सिन्दूर गणपति मस्तक चढ़े सिन्दूर,
गणपति विघ्न करो सब दूर, मैं तरे चरणों की हूं धूल।

रामचन्द्र लंका को आये, पहले आके गणेश मनाये,
रावण चकना चूर गणपति रावण चकनाचूर
मैं तेरे चरणों की हूं धूल।

## गीत नं. 7

### राजा और रंक की दोस्ती का बेमिसाल उदाहरण है कृष्ण और सुदामा की मित्रता–

मेरे बालापन के यार सुदामा कैसे आए सुदामा कैये आए
मेरे भईया कैसे आए, मेरे बालापन के यार...

कृष्ण ने चौकी बिछाई, तुम बैठो सुदामा भाई,
पईया धोए रहे भगवान सुदामा कैसे आए।

कृष्ण ने चौकी बिछाई तुम नहाओ सुदामा भाई,
धोती धोए रहे भगवान, सुदामा कैसे आए।

कृष्ण ने मेज लगाई, तुम जीओ सुदामा भाई,
पंखा ढ़ोल रहे भगवान सुदामा कैसे आए।

कृष्ण ने सेज बिछाई तुम सोवो सुदामा भाई,
पईयां दाब रहे भगवान सुदामा कैसे आए।

बड़ी दूर से आए पैरों में फटी बिवाई
आंसु बहा रहे भगवान सुदामा कैसे आए।
मोहन ने चौकी बिछाई तुम बैठो सुदामा भाई,
काटें निकाल रहे भगवान सुदामा कैसे आए।

तेरी भाभी ने ताना मारा अब कहा है यार तुम्हारा,
जा के ले आओ धन माल, सुदामा कैसे आए।

कृष्ण ने चौपड़ बिछाई लो खेलो सुदामा भाई,
पासे फैंक रहे भगवान सुदामा कैसे आए।

कृष्ण ने यह फरमाया क्या लाये सुदामा भाई,
तन्दुल चबा रहे भगवान, सुदामा कैसे आये।

## गीत नं. 8

**श्याम सलोने से प्रेम सत्संग के बहाने–**

सांवरे से प्रीती है दिल मेरा दीवाना है,
सांवरे से मिलने का सतसंग ही बहाना हैं।

जब से तुम्हे पाया हैं दिल में बसाया है,
शाम तेरे चरणों में तन मन वारा है।
सांवरे से प्रीती हैं...

जब से तुम दूर हुए आंखों के नूर हुए,
तब से दुनिया में मेरा कोई न ढिकाना है।
सांवरे से प्रीती हैं...

अब तुम्हें ढूंढूं कहां अब तुम्हें पाऊं कहां
शाम तेरे चरणों में जीना और मरना है।
सांवरे से प्रीती हैं...

वृन्दावन की गलियों में मथुरा के मन्दिर में,
शाम तुम्हें पाया हैं दिल में बसाया है।
सांवरे से प्रीति हैं...

नैया मझदार परी सुन लो पुकार मेरी
अब तुम्हे आना है पार लगाना है।
सांवरे से प्रीती है दिल में दिवाना है।

## गीत नं. 9

### कृष्ण उपासना

सांवरी सूरत मुख चन्दा भजो रे मन गोविन्दा
नटवर नागर नंदा भजो रे मन गोबिन्दा

तू ही नटवर तू ही नागर तू ही
बाल मुकन्दा, भगो रे मन गोविन्दा।

सब सखियों में राधा जी बड़ी हैं ज्यों नदियों विच गंगा।
सब देवो में कृष्ण जी बड़े है जैसे गमन विच चन्दा।
भजो रे मन...

धुव्र तारे प्रहलाद उबारे, नरसिंह रुप धरनता
काली देह में नाथ ज्यों नाथा फण फण निरंता करूता

वृन्दावन में रास रचायो नायत बाल मुकन्दा
मीरा के प्रभु गिरधर नागर काटो जम का फन्दा।

## गीत नं. 10

### ईश्वर के प्रत्येक रूप से प्रेम–

तेरे कांटो से प्यार तेरे फूलों से भी प्यार
जो भी देना चाहे दे दे करतार, तेरे...

चाहे सुख दे या दुख दाता खुशी दो या गम
मालिक जैसे भी रखोगे तुम वैसे रह लेगें हम...तेरे...

चाहे खुशी भरा संसार चाहे आसुओं की धार
जो भी देना चाहे ये ये करतार दुनिया

हमें दोनों हैं पसन्द तेरी धूप और छांव
मलिक जिस भी दिशा में ले चल,
जिन्दगी की नाव, चहे नैया लगा दे पार चाहे ले डूबो
दे मझदार जो भी...

## गीत नं. 11

### नटखट कन्हैया की पुकार–

कन्हैया कन्हैया पुकारा करेगें, लताओं में ब्रज की गुजारा करेंगे।

कहीं तो मिलेगें वो बांके बिहारी उन्हीं के चरण चित लगाया करेंगे।

बना करके हृदय में हम प्रेम मन्दिर,
वही उनको भूला भूलाया करेंगे। कन्हैया-कन्हैया...

उन्हें हम बिठाऐगें, आंखों में, दिल में,
उन्हीं से सदा लौ लगाया करेगें। कन्हैया-कन्हैया...

उन्हें प्रेम डोरी से हम बांध लेगें,
तो फिर वो कहां भाग जाया करेगें। कन्हैया-कन्हैया...

उन्हें दुड़ाये थे गज के वो बन्धन,
वहीं मेरा संकट मिटाया करेंगे। कन्हैया-कन्हैया...

उन्होंने नयाया था ब्रह्माण्ड सारा-नगर
अब उन्हें हम नचाया करेगें। कन्हैया-कन्हैया...

भजेंगें जहां प्रेम से नन्द नन्दन, कन्हैया छवि को दिखाया करेगें।
जो रुठेगें हमसे वो बांके बिहारी चरण पड़के
उनको मनाया करेगें। कन्हैया-कन्हैया, पुकारा करेगें...

## गीत नं. 12

**अगर ईश्वर से प्रेम है, तो जीवन में आनन्द ही आनन्द है–**

प्रभु प्यारे से जिसका संबंध हैं,
उसके हर दम आनन्द ही आनन्द हैं।

झूठी दुनिया से करके किनारा, लेके सच्चा पिता का सहारा,
जो उसकी रजा में रजामन्द हैं, उसको हमदम आनन्द ही आनन्द हैं।

जिसकी कथनी में कोयल सी चहक है, जिसकी करनी में फूलों सी महक हैं,
प्रेम नरमी हों, जिनकी सुगंध हैं, उसको हम दम आनन्द ही आनन्द हैं।

निन्दा चुगली ना जिस को सुहावे, बुरी संगति की रंगत न भावे,
सतसंग ही जिसको पसन्द हैं, उसको हम दम...

दीन दुखियों के सुख जो मिटावे, बन के सेवक भला सबका चाहवे।
नहीं जिसमें घमण्ड व पाखण्ड हैं, उसको हर दम आनन्द ही आनन्द है।

## गीत नं. 13

### राम-सीता-लक्ष्मण की उपासना का गीत

हरि का नाम लेने से तेरी क्या जीभ घिसती है।
प्रभु का नाम लेने से तेरा क्या जीभ घिसती है।
इधर राम उधर लक्ष्मण बीच में सीता माता है।
सभा के बीच में भाईयों हरि ने नाता जोड़ा है।
हरि का नाम लेने से तेरी क्या जीभ घिसती है।
प्रभु का नाम लेने से तेरी क्या जीभ घिसती है।
इधर कौरव उधर पांडव बीच में द्रौपदी माता है।
सभा के बीच में भाईयों हरि ने चीर बढ़ाया है।
हरि का नाम लेने से तेरी क्या जीभ घिसती है।
प्रभु का नाम लेने से तेरा क्या जीभ घिसती है।
इधर चंदा उधर सूरज बीच में नौलख तारे है।
सभा के बीच में भाईयों हमीसब रहते आए हैं।
हरि का नाम लेने से तेरा क्या जीभ घिसती है।
प्रभु का नाम लेने से तेरा क्या जीभ घिसती है।
इधर गंगा उधर यमुना बीच में सरस्वती बहती है।
सभा के बीच में भाईयों हमी की काया बहती है।
हरि का नाम लेने से तेरी क्या जीभ घिसती है।

## गीत नं. 14

### सती सुलोचना का पति-प्रेम

शीश पति का देवो न भगवान
शीश पति का दीजिए-दीजिए
सती सिलोचना बोली

मेरे ससुर रावण ने हर ली
सीता पति पर नारी
तुमसे वैर बढ़वालिया

मेरा पति बलकारी
होणी तो सो होली हे राम राजा राम
शीश पति का देवो न भगवन
सती सिलोचना बोली

कटी भुजा गिरी महल में
दिल मेरा घवराया
शीश पड़ा है रामादाल में
भुजा न लिख बतलाया
मेरी सास बैठाए डोली हे राम राजा राम
शीश पति का देवो न भगवन
सती सिलोचना बोली

निश्चल नार करे है माया
झूठे कपट की बात
शीश हंसे तो हम सच जाने
लिख सकता है हाथ
सारी सेना करे ठिठोली
शीश पति का दिजिए न भगवन-भगवन
सती सिलोचना बोली हे राम राजा राम

दुखीयारी पतिव्रता नारी
रघुराई से बोली
लखन लाल ने मिटा दी
मेरी मांग की रोली
वो खेली खून की होली हे राम राजाराम
शीश पति का दिजिए...
सती सिलोचना बोली हे राम राजा राम
शीश पति का दीजिए...

सत्य धर्म की आज परीक्षा
पव रखना पति मेरी

मिटा दे शंका रामादल की
हंसो करो मत देरी
सति नैयन नीर भरबोली
शीश पति का दीजिए
शीश पति का देवो न भगवन
सती सिलोचना बोली हे राम...

हा हा कर के हंसा शीश जब
सती ने करुणा टेरी
कांपे सूरज चांद सितारे
नभ में छाई अंधेरी
सारी धरती डगमग डोली
शीश पति का दीजिए
शीश पति का दे...

## गीत नं. 15

राम भूल गए दुख सीता का
सती की शीश नवाया
मांग
मांग ले वर मन चाहा
मेरा पति जिंदा कर बोली हे राम राजा राम
शीश...
शीश पति...
सती सिलोचना...
राम चन्द्र रघुवंश मणी रस
इतनी दया दिखाना
इन्द्रजीत बलवान के संग
सती को स्वर्ग पठाना
नार फैलाए झोली...

शीश पति का दीजिए

शीश
कटा शीश को ले के सिलोचना
गढ़ लंका में आई
पति के संग सती हो गई
जग अमर कहाई...

जय बोली देवो कीटोली...
शीश पति का दीजिए
शीश पति का देवो न भगवन भगवन
सती सिलोचना...

पति को सब परमेश्वर जानो
सुनो पतिव्रता नारी
माधो सिंह कहे दुनिया में
प्रभु भजन हितकारी
मान बंदा मेरी, कोनी काया तेरी
नर पछताऐगा
नर पछताएगा रे बहुत घणा दुख पाऐगा
नर पछताएगा...

वहां से क्या लाया, यहां से क्या ले जाएगा
बंधी मुठी आया था हाथ पसारे जाएगा
नर पछताएगा...

वंदा कहता काया मेरी काया का गुमान क्या
सोने काया तेरी मिट्टी में मिल जाएगा
बंदा पछताएगा...

त्रिया और कुंटुव की खातिर पच-पच मर जाएगा
संग चले ना कीढ़ी माया सब यही रह जाएगा
बंदा पछ ताएगा...

## गीत नं. 16

### शिव का फक्कड़पन व शिव-गौरा का विवाह

गौरजा यो वर कुण ढूढ़ों
यो वर कुण ढूढो ढूढ़ों गौरजा...

महादेव व्याहण न आया संग न एक वराती लाया
हाथी घोड़ा कछु न लाया एक बैल बूढ़ो
सब नार कर तकरार गौरजा यो...

एक हाथ त डमरू वजाव दूजे हाथ से मक्खियां उड़ावे
इन संग फेरा मत ले गौरजा यो वर है बूढ़ों
सब नार कर तकरार गौरजा यो...

डगमग-डगमग नाड हिलत है मक्खियां उपर नाक...है
आक धतूरा भोग लगत है भांग भरो कूंडो
सब नार कर तकरार गौरजा यो...

म्हान यो वर प्यारो लाग कह रही
पार्वती सखियां न
इंबर न कुज बुरा न ताया, बड़े भाग से दर्शन पाया
इन कारण भोगी काया पूर्णजन्म कठिन।

माघ मास कार्तिक न्हाई,
एकदशी की रात जगाई
नवो न्योरता निर्सल कीन्हा
पाचो यो हो पाति
म्हान यो वर प्यारो लाग रही

से छू राम हरि गुना गावे शिव
शंकर का ध्यान लगाव
शिवशंकर का सुमरक
करलो पाव परम गति।

## गीत नं. 17

**हमेशा सब दिन एक से नहीं रहते, सुख-दुःख आते-जाते रहते हैं, इसलिए किसी को भी किसी के साथ भी अप्रिय व्यवहार नहीं करना चाहिये।**

नही चाहिए दिल दुखाना किसी का
सदा ना रहा है सदा ना रहेगा जमाना किसी का
नही...

आएगा बुलावा तो जाना पड़ेगा
सिर तुझको अपना झुकाना पड़ेगा
वहां ना आएगा बहाना किसी का
नही...

शौहरत तुम्हारी बह जाएगी यह
दौलत तुम्हारी रह जाएगी यह
नही साथ जाता खजाना किसी का
नही...

दुनिया का गुलशन सदा ही रहेगा
यह तो जहां में लगा ही रहेगा
आना किसी का जग में जाना किसी का
नही...

पहले तो तुम अपने आप को सम्भालो
हक नहीं तुमको बुराई औरों में निकालो
बुरा है बुरा है जग में बताना किसी का
नही...

## गीत नं. 18

### राम नाम अति उत्तम

जिस भजन में राम का नाम न हो
उस भजन को गाना ना चाहिए
जिस मां तुमको जन्म दिया
दिल उसका दुखाना ना चाहिए
जिस पिता ने तुमको पाला है
उसे कभी सताना ना चाहिए
जिस भजन में...

चाहे बेटा कितना प्यारा हो
उसे सर पे चढ़ाना ना चाहिए
चाहे बेटी कितनी दुलारी हो
उसे घर-घर घुमना ना चाहिए
जिस भजन में...

चाहे पत्नी कितनी प्यारी हो
उसे भेद बताना ना चाहिए
चाहे भैया कितना बैरी हो
उस से राज छुपाना ना चाहिए
जिस भजन में...

चाहे कितनी अमीरी आ जाए
अभिमान दिखाना ना चाहिए
चाहे कितनी गरीबी आ जाए
दाता को भूलाना ना चाहिए
जिस भजन में...

## गीत नं. 19

### कृष्ण-महिमा

मोहन तेरे चरणो की इक धूल जो मिल जाए
सच कहती हूं भगवन काया ही पलट जाए
मोहन तेरे चरणों...

सुनती हूं कृपा तेरी दिन रात बरसती है
इक बूंद जो मिल जाए मन की कली खिल जाए
मोहन तेरे चरणों...

यह मन बड़ा चंचल है कैसे तेरा भजन करूं
जितना भी इसे समझाऊं उतना ही मचल जाए
मोहन तेरे चरणों...

नजरों से गिराना ना चाहे जितनी सजा देना
नजरों से जो गिर जाए वो फिर न सम्भल पाए
मोहन तेरे चरणों...

मोहन इस जीवन की बस एक तमन्ना है
तुम सामने हो मेरे और प्राण निकल जाए
मोहन तेरे चरणों...

## गीत नं. 20

### शिव-शक्ति के विवाह का यह गीत खड़ी बोली, हरियाणी आदि अधिकांश बोलियों में बहुत अधिक चलन में है।

सुन मेरी गौरा पार्वती तेरा दुल्हा सबसे न्यारा है
तेरा दुल्हा सबसे न्यारा है तेरा दुल्हा सबसे प्यार है
सुन मेरी...

औरों के दुल्हे सुन मेरी गौरा घोड़ी चढ़ के आव स

तेरा दुल्हा सुन मेरी गौरा बैल पे चढ़ के आया स
सुन मेरी...

औरों के दुल्हे सुन मेरी गौरा सूट बुट में आव स
तेरा दुल्हा हे मेरी गौरा मृग छाला ओढ़ के आया स
सुन मेरी...

औरों के दुल्हे सुन मेरी गौरा कैम्पा पेप्सी पीव स
तेरा दुल्हा हे मेरी गौरा भंग पे छोटा लाव स
सुन मेरी...

औरो के दुल्हे सुन मेरी गौरा ब्यूटी पार्लर जावैं स
तेरा दुल्हा हे मेरी गौरा राख बभूत लगावै स
सुन मेरी...

## गीत नं. 21

**ईश्वर स्मरण–**

प्यासा हिरन जैसे ढूंढे है जल को-2
वैसे प्रभु मैं तुझे खोज रहा हूं-2

तू ही मेरे मन की अभिलाषा-2
तेरी पूजा निशदिन करता रहूं
प्यासा हिरन...

सोना चांदी मैं तो न मांगू-2
मन तेरे प्रेम से भारती रहूं मैं-2
प्यासा हिरन...

तू जो बन जाये श्रद्धा सुमन-2
पुष्प पराग सा झरता रहूं मैं-2

प्यासा हिरन...

तू जो मेरे दिल में वास करे-2
पाप से नित-नित डरता रहूं मैं-2
प्यासा हिरन...

## गीत नं. 22

### सत्गुरू मूर्ख को भी ज्ञानी बना देते हैं–

मेरे सतगुरु दीन दयाल काग से
हंस बनाते है

अजब हैं गुरुओं का दरबार भरा
जहां भगतों का भण्डार।

शब्द अनमोल सुनाते है-मन का भरम
मिटाते हैं

मेरे सतगुरु दीन दयाल-काग से
हंस बनाते हैं।

गुरु जी सब को देते ज्ञान जीव को
हो ईश्वर से ध्यान।
वो अमृत खूब पिलाते है-मन की
प्यास बुझाते है
मेरे सतगुरु दीन-दयाल-काग से
से हंस बनाते है।

गुरु जी लेते नहीं दान-फिर भी
रखते दुखियों का ख्याल वो अपना

माल लुटाते है-उनके कष्ट मिटाते हैं।
मेरे सतगुरु दीन दयाल काग से हंस
बनाते हैं।

कर लो गुरु चरणों का ध्यान तुमसे
करते बहुत प्यार
सारे दुःख गुरु जी मिटाते है-भव
से पार लगाते है
मेरे सतगुरु दीन दयाल कांग से हंस
बनाते हैं

## गीत नं. 23

### मोह-माया को तजकर हरिभजन में ध्यान लगाना-

ये बूढ़े ते बुढ़िया बोली जरा सुन लो बात
हमारी कुछ तो ख्याल अगत का कर ले
अपना ध्यान हरि में धर ले यो नु सारी
जिन्दगी खो दी जरा सुन ले बात हमारी
आय बूढ़े ते...
मोह माया में फंसा पड़ा है किचख क्यां
धंसा पड़ा है ओ बरबाद जिन्दगी होली
जरा सुनलो बात हमारी
बूढ़े
तू जा भैसा का पाली मै भी घर की करु
रखवाली दो दोनो के हाथ में लढ़ाड़ी जरा
सुन लो बात हमारी बूढ़े ते...
वह बेटे तो सुख ते सोवे बालक तो
म्होर घोरे रोवे तीन रात का सोई
जरा सून लो बात हमारी बूढ़े...
तड़के जालंगा सतसंग मै अपना नव

हरि हांय उन नाड तलन
कर ली जरा सुन लो बात हेमारी
बूढ़े ते बुढ़िया बोली

## गीत नं. 24

### गंधारी के 101 बेटों के बहाने कपूतों पर व्यंग्य

हो दादसरे थारे या के चाली रीत सभा मै
बहू बुलाने की
ये गंधारी के बेटे 101 ये उसके वह भी
भी 101 येदी मेरी सासू तन सभा क बीच
बुलाई मैन का भागी लाई थी
हो दादसरे
पूत कपूत भी होया सर है धरा बैठ समभाया
कर है हो मेरे मोलसरे तू कितका रिस्तेदार
सोच रहा नास कराने के
हो दाहसरे...

हे दुसासन न पकड़ी चोटी ये जिसकी
पर्वत जिती ओर ओ मेरा जेठा तन जुअे
बीच जिताई
हो दादसरे...

## गीत नं. 24

### सारी उम्र सद्गुरु का साथ न लेने के कारण अंत में पछतावा

कदे गई न गुरु के डेरे में
मेरी बीत गई उमर अधेरे में
कदे ज्ञान न दीप जलाया न कदे कदे हरि
का भजन गाया न
कदे गई न गुरु...

का बालकपन खेल मै गवाया था मै तो खेली थी
सखियां के टोले में जब आई ये जवानी डर डर
के मैं तो चाल पड़ी ये सजधज के मैं तो
चाल पड़ी ये सज्जन के फेरे में
कदे ज्ञान का दीप जलाया न
जब आया ये बुढाया डर डर के जव चाला ये
कुनबा हट हट के इब जागी गुरु के डेरे में
इब ज्ञान का दीप जलाऊगी ज्ञान का दीप जलाऊगी
कदे गई न गुरु के डेरे मै

## गीत नं. 25

माटी का खिलोना माटी म मिल जायगा
मान मेरा कहना मनवा पछतायेगा
सुन्दर काया देख क क्यू फूला
उस कारिगर न देख क्यू फूला
गया रे भक्त फेर नही आवगा
माटो का खिलोना...

वगंला नौकर घोड़ा गाड़ी
हार सिंगार रेश्मी साड़ी
सूट बूट तेरा यही पे रह जायगा
माटी खिलोना...

मात पिता तेरा कुटुम्ब कबिला
यह सब है जगत झमेला
इन सबसे तेरा नाता पल भर में टुट जायगा
माटी का खिलोना
व्यहत कबीर सुनो भई साधो
ममता छोड़ भजन मै लागो
गयारे वक्त फेर नही आवोगा
माटी का खिलोना...

## गीत नं. 26

### छिपे हुए भगवान को पाना

छिपे हुये थे भगवान राजा जी थार कुरते मै
महाराजा थारे कुरते मै-मै बार गाना है
जब कुरते त छुड़ावन लागी मै चमड़े का दाग
उसमे स तो अमृत निकला जगाये रे भाग
छिपे हुये थे भगवान
एसा अमृत पी गई मै तो हो गई आज निहाल
सब कंगाली दूर हुई मै तो हो गई मालामाल
छिपे हुये थे भगवान...
महाराजा थार...
त्रिकुटी और पर ब्रह्म जहा बरसे अमृत धार
रविदास वहां बैठे पाये कहते लोग चमार
छिपे हुये थे भगवान...
महाराजा थारे
अब तो समय निकल गया राजा
अब पछताये क्या होय
अब तो जाओ सन्त शरण मै
वही वनता थार काम
छिपे महाराजा थार कुरते मैं

## गीत नं. 27

### जीवन की डूबती नैय्या को सद्गुरु ही बचा सकते हैं।

सतगुरु जल्दी आन बचाओ नैया डूबन
हाली स नैया हो गई बहुत पुरानी सतगुरु
ना थार ते छानी भर गया चारो तरफ न पानी
तली मै बैठन हाली स
सतगुरु...

नैया हो गई बारा बार सतगुरु बिगड़ गये सबढाय
बताओ जाऊ कुणस घाट राही छुटन वाली स
सतगुरु...

नैया बीच भवर म अटकी माझी इधर उधर
जमटक चल रही पवन लाग रहे झटके या
डोरी छुटन हाली स
सतगुरु...

नैया पार करो अब मेरी सतगुरु क्यो लारे
सो देरी हो रही जान मरण म मेरी या या नाड़ी
छुटन हाली स
सतगुरु...

नैया हो गई मेरी बैरण जैसी काली नागन जहरन
मै तो सतगुरु शरण तुम्हारी तुम मेरे रखवाले हो
सतगुरु जल्दी...

## गीत नं. 28
## छुआछूत का विरोध

ऐ कबीर हास की बेटी न य एक भारी
प्याऊ लाई प्याऊ उपर बैठ का प्रजा की
प्यास बुझाई

काशी पढ़ कर पंडित आया एक घूट पानी प्यादे
पानी पीकर का न्यू बोला
ये छोटी अपनी जात बतादे
जल की मछली मर जा मै सू ये सूतक
पातक रे तुम जलम न्होओ पंडित ज्ञानी

रे सून रे पंडित ज्ञानी बूझ पिया क्यो न पानी
गऊ माता का दूध कढ़स उसका हाट
जरस उसी दूध को खीर बन स तुम
जीमो पंडित ज्ञानी ओ पंडित ज्ञानी

पशु मर धरती मै दब स उसकी माही
बनस उस माटी का भटका बनस उस मटक
म नीर गलहस ओ तुम पीओ पंडित ज्ञानी
तुम बुझ पिया क्यू न पानी

उस र सूत बन स की तानी
बनस उसका बन जनेऊ रे तुम पहरो
पंडित ज्ञानी
सुन पंडित ज्ञानी बूझ के क्यों न पानी पीओ
मैं सोऊ था भ्रम नींद मैं तैन आन-आन जगाया
रे सुन पंड़ित

रे कबीर दास की बेटी न ब्राह्मण का
भ्रम मिटाया रे सुन पंडित ज्ञानी बूझ
के क्यू न पिया पानी

# 9

# गीत-बारहमासा, सावन (हरियाली तीज), फागुन, होली व अन्य गीत

## गीत नं. 1 (बारहमासा)

**कालिदा ने 'ऋतु-संहार में प्रकृति-सौन्दर्य का वर्णन मानव-मनोभावों के सापेक्ष बदलते ऋतुओं के रूप द्वारा किया है। राजस्थानी लोकगीत का बारहमासा में भी साल के बारह महीने है। बारहमासा की शुरुआत अषाढ़ से होती है, जिसका गीत कुछ यूं है–**

बादल घिरे आकाश में
आया मौसम ज्वार बोने का
मां ले जाती है चबैना खेत को।
हे कृपालु भगवान, कैसा सुंदर मौसम
यह है महीना सावन का।
हो चुके अंकुरित ज्वार के दाने
और खेतों की हो रही निराई
हौले-हौले सहलाए जाते–
झाड़ी तरबूज और कचरी के।
हे कृपालु भगवान, आया मौसम भादे का
तरबूज पके-हो गए मीठे,
पका है खीरा, बाजरे का सोगर
हुआ है मीठा, मीठा-मीठे,
पका है खीरा, बाजरे का सोगर
हुआ है मीठा, मीठा-मीठा।
हे कृपालु भगवान, अब आया मौसम आश्विन का–
पक रहे हैं ज्वार-पूरी हो रही है
हमारी आशा-मनोकामना,
सुनाई देती है पहरेदारों की चिल्लाहट-हाखल–
रहना है उन्हें खेतों में रात को भी।
हे कृपालु भगवान, आया मौसम कार्तिक का
पसरे हैं ऐर-ज्वार-बाजरे के सित्ता के

आओ खाएं जितना खा सकते हम
पका मक्का लगता है मोती के दाने-सा।
हे कृपालु भगवान, मंगसिर है महीना वापस पाने का,
आएगा महाजन अपने खाते-बही के साथ
करेगा मुक्त हमें अपने कर्जे से।
हे कृपालु भगवान, पौष का महीना लाया जाड़ा
और माघ के महीने में हुआ पानी बर्फ।
हे कृपालु भगवान, आया महीना फागुन का
कृष्ण खेलते फाग ग्वालिनों के साथ–
कैसी खुशी, उत्साह और जीवन आया इसके साथ।
हे कृपालु भगवान, शुरू हुआ चैत का महीना
चंपा है खिली-खिली–मोर हैं परेशान
पेड़ों ने पहना है नए पत्तों का कपड़ा–
बारिश के बिना ही।
हे कृपालु भगवान, लाया बैशाख चिलचिलाती धूप
और तीखी गरमी,
मौसम है छांह में आराम का।
हे कृपालु भगवान, जेठ का महीना, सूरज हुआ और भी विकराल
मगर वक्त है–खेजरी पेड़ पर चढ़ने,
मीठा खोखा खाने का
हे कृपालु भगवान!

**यही है राजस्थान के किसानों का सालाना कैलेंडर। मौसम और समय का पहिया बरसात के महीने के चारों तरफ घूमता रहता है। अधिकांश भाग में रेगिस्तान है।**

## गीत नं. 2 (बारहमासा)

**प्रायः बारहमासा में विरहिणी स्त्रियों के प्रतिमास के कष्टों को वर्णन होता है परन्तु एक राजस्थानी बारहमासा में तुलसी के जीवन की कथा बड़े ही सुन्दर शब्दों में कही गई है। किस प्रकार तुलसी पैदा होकर प्रत्येक मास में धीरे-धीरे बढ़ती गई। कार्तिक में इनका विष्णु से विवाह हुआ और अन्त में यह पूज्य हो गई, इसकी कथा सुनिये–**

''सावणिये री तुलछां पान-दो-पान;
भादूड़े च्यार पान हो राम।

आसो जां में तुलछां मवउज काढ्या;
काती व्यांव रचावो हो राम।
चैत महीने गवरल पूजी;
वैसाखां बड़ सीच्यों हो राम।
जेठ महीने मांग्यो जल पीयो;
पर-घर पांव न दीनो हो राम।
आसाढ़ा में सेज न सूती;
ना विजणो झणकारयो हो राम।
सावणिये में साग न खायो;
भर भादूड़े में दहीयो हो राम।
मिग सरिये में मूंग न खायो,
पोह अलूणो खायो हो राम।
माघ मास ठंढ़े जल न्हायी
फागण फाग न खेली हो राम
इतरा जप तुलछां जपिया जद;
सालग राम जी वर पायो हो राम।''

## गीत नं. 3 (बारहमासा)

**सूर्य वैदिक देवता है। ऋग्वेद में सात घोड़ों के रथ पर सवार सूर्य की परिकल्पना की गई है। सूरज की किरणों में दिखाई देने वाले विभिन्न रंग इन्हीं घोड़ों की छवि हैं। यह महत्वपूर्ण बात है कि ये रंग सात ही माने गए हैं–वही सात मौलिक रंग जो अन्य सभी रंगों के मूल हैं। ये सात रंग जीवन के सभी रूपों का प्रतिनिधित्व करते हैं। आज भी वस्तु-शास्त्र को मानने वाले सात घोड़ो का चित्र को शुभ मानते हैं। आज भी राजस्थानी भी सूरज को धरती के सभी रंगों का स्रोत और कारण मानते हैं। एक लंबे लोकगीत' में सूर्य और उसकी पत्नी रैनादे का वर्णन सूर्योदय की महिला के साथ किया गया है।**

खेत, खेत क्या कहते रहते हो तुम? श्वेत है जंगली कपास
श्वेत है सूरज का घोड़ा और उसकी पत्नी रैनादे के दांत भी
उगता सूरज है प्रकाश से दैदीप्यमान, डूबता लाल सिंदूरी
गाएं जा रहीं चरने और पक्षी उड़ रहे आसमान में

हमारे देवता और हमारा धर्म है हमारे साथ–
ऐ दोस्तो, ढोल बज रहे मेरे पिता के घर पर
ऐ दोस्तो, खुशी मनाई जा रही मेरे ससुर के यहां
लाल-लाल क्या कहते रहते हो तुम–
लाल रंग है दुल्हन के जोड़े का।।
लाल है घोड़ा सूरज का,
लाल हैं आंखें बहू रैनादे की।[1]
गाएं जा रही चरने को–
काला-काला क्या कहते रहते हो तुम–
काला है जंगल का कौआ
काला है सूरज का घोड़ा
काली है जुल्फें बहू रैनादे की।
गाएं जा रहीं चरने को–
पीला-पीला क्या कहते रहते हो तुम–
पीली तो है मटर की दाल,
पीला है सूरज का घोड़ा,
पीले हैं वस्त्र बहू रैनादे के।
गाएं जा रहीं चरने को–
हरा-हरा क्या कहते रहते हो तुम–
हरी है जंगल की घास
हरा है सूरज का घोड़ा,
हरी है बहू रैनादे की कोख।
गाएं जा रही हैं चरने को और पंछी भर रहे हैं परवाज
हमारे देवता और हमारा धर्म है हमारे साथ
ऐदोस्तों, ढोल बज रहे हैं मेरे पिता के घर
ऐ दोस्तो, खुशियां मनाई जा रही हैं मेरे ससुर के घर।

1. पहले अवतरण में रैनादे को सूरज की पत्नी और यहां बहू कहे जाने में कोई विरोधाभास नहीं, क्योंकि श्रीमती ब्राइस ने स्वयं लिखा है कि संभव है कि सूरज की बहू का नाम भी रैनादे ही हो। (वही, पृ. 7)

## गीत नं. 1 (श्रावण मास)

**सावन के महीने में हरियाली तीज आती है। उ.प्र. हरियाणा सहित राजस्थान में भी इस दिन महिलायें झूला झूलती है, साज-शृंगार करती है। मायके से कोथली (संधारा, उपहार) आते है। यह पर्व कुवारी व विवाहिता दोनों मनाती हैं। नये-नये कपड़े पहनते हैं। सावन का महीना मदमाते मौसम का मास है। अतः इसके गीतों में वियोग शृंगार भी मिलता है। महिलायें हाथों में मेंहदी रचाती हैं और राजस्थान की मेंहदी तो रचने में और भी खास है। वैसे अधिकांशतः छोटे शहरों में मेंहदी लगाने का काम घर की महिलायें आपस में ही करती है, लेकिन महानगरों में इसका भी बाजारीकरण हो गया है। इसमें भी अक्सर देखने में आता है कि खास अवसरों पर मेंहदी रचाने का काम राजस्थानी महिला (कहीं-कहीं पुरुष) ही करते हैं। इस गीत में बहन सहेली के साथ तीज मनाने और सिधारा मिलने और बड़े भाई के भेजने का जिक्र है।**

तीजां की दोय पाख पखेरू, तीज सहेलड़ी आई जी।
आईतो आई मेरी मांकी ये जाई, आज सिन्धारी बाई थारो जी।
एक सिन्धारो मेरी माय करयो दूजो बड़ै बीरै जी।
तो बड़ै वीरक मां मेरी बेटोये जायो, साथिया देन बुलाई जी।।
सथि देतां बाईमेरीलाज मर छ, झटदे चूनड़ उड़ाई जी।
चूनड तो ओढ़रबाई मेरी सामरिये चाली, आगै रावत बैठयोजी।।
यतिये मैं बाई मेरी घुंघट काव्यो, कांटो लाग्यो कैरको जी।
कांटार बाड़ातै मेरो कदकौरै बेरी, कदका बरै बिसाया जी।।

## गीत नं. 2 (तीज)

**सावन कुछ ज्यादा ही अच्छा लगता है, उसकी हरियाली, झूला झूलना, टप्पा गाना मन को भाता है।**

सावन घनों सुहावणों हरियाली मनभाय।
झूलाझुलै नारियां नार खड़्या सरमाय।
जकड़ी टप्पा गीत घनां मन होवै जद गाय।
अैंकारण 'वसुदेव' नैलिख्या गीत समझया।।

## गीत नं. 3 (तीज)

**हे मेरे वीरा सावन की तीज आई तो तू हिडोला गड़वाने, दामण (वस्त्र) सिलादे चुंदड़ी रंग दे आदि।**

जोड़ो खुदादे रै ओ रे मेरी मां का जाया वीर,
आई आई रे सावणियांरी तीज राई थारी....
खुद्योये खुदायोजीबाई थारो मरयो ये हिलोरा खाय,
न्यावण वाली बाई (शारदा) सासर
हिन्डो घलादे रै ओ मेरी मां का जाया वीर,
आई रै साविणयांरी तीज बाई थारी हीडसी
धल्योये धलायोजी बाई थारो पब्यो ये सुरंगो होय,
हींडन वाली बाई शारदा सासरै
चुड़लो चितरादे ये ओये मेरी रातदेई मांय,
आई ये सावणियांरी तीज बाई पैरसी
चितरद्ये चितरायोये बाईयारो पाब्योये डब्बे के मांय,
पैरण वांली बाई शारदा सासर
दांवण सिमादे ये ओये मेरी रातादेई मायं,
आई ये सावणियांरी तीज बाई पैरसी
चूनड़ी रंग दे ये ओये मेरी रातादेई माय,
आई ये सावणयांरी तीज बाई ओड़सी

## गीत नं. 4 (हीड़ो...)

### झूला डलवा दो

ईशवर बीरै हिंडोघलायो बाईरोबां हिंडन आई रै।
अनोराम बीरै हिंडोघलायो बाईरोवां हिंडन आई रै।
लवासी झोटा देई मेरा बीरा डरौ वीरै की बाई रै।
बीका हाथ भरयांचंदबाईर बीकै चुड़लैकी चतुराई रै।
बैकी मोत्यां माग मराई रै।

## गीत नं. 5 (मुरलो...)

बाई ए रोवां सासरै कोई ईशरदास छै लणिहार।
उहारा मुरला सावण लरैयो जी।।
सावण तो लरैयो भादवी कोई बरसै चारूं कूंट।
म्हारा मुरला सावण लरैयो जी।

## गीत नं. 6 (हिंडालो...)

### लकड़ी गीली है, तो चम्पा बाग में हिंडोला गढ़वा दे

वालो तो गीली मेरी मां लाकड़ी जी,
हां ये मेरी मां पड़ो ये समन्दरां बीच।
पल्यो ये हिंडालो चम्पाबाग मैं जी।।टेक।।
बड़ोड़े बीरै नै मेरी मां मेज द्यो ये,
हां ये मां बड़ो ये बड़ाई ल्याय।।धल्यो।।
बिचलै बीरै नै मेरी मां मेज द्यो जी,
हां ये मां बिचलो बीच बिचलाई खाय।।धल्यो।।
ल्होड़ियै बीरै नै ये मेरी मां मेज द्यो जी,
हां ये मां दो झट भैणड़ नै ल्याय।।धल्यो।।
बड़ोड़ बीरै की ये मां भू जाटणी जी,
हां ये मां वा पालो काटण जाय।।
बिचलै बीरै की ये मां भू गूजरी जी,
हां ये मां वा दूधो बेचन जाय।
ल्योड़ीयै बीरै कीये मां भू पद्मणी जी,
हां ये मां वा पिलंगा बैठी खाय।।धल्यो।।
बड़ीड़े बीरै नैये मेरी मां खीचड़ी जी,
हां ये मां ऊपर भिरयो तेल।
बिचलै बीरै नै ये मेरी मां लापसी जी,
हां ये मां ऊपर गिरियो धी।
ल्होड़ीयै बीरै नै ये मेरो मां चावला जी,
हां वे मां ......
धल्यो ये हिंडोलो चम्पाबाग मैं जी।।

## गीत नं. 7 (वड़बेर)

तनै तनै ये बाब्यांरी बड़ बेर तनैं ये कुण सींचगो।
सींचै ये मनैं सावणियांरी मेह भादूड़ो फल ल्याबैगो।।
तनै तनै ये परदेसणा बाई रोवां तनैं ये कुण ल्याबैगो।
ल्यावै ल्यावै ये मेरो ईशरदास वीर मायड़ णिलावैगो।।
मायड़ मिलावै बाई नै पाटै बिटावैगो,
पाटै बैठायर बाई नैं चावलिया जिमावेगो,
चावलिया जिमायर बाई नैं चूनड़उढ़ावैगो,
चूनड़ उढ़ायर बाई रा हाथ रुचावैगो,
हाथ रचायर बाई नैं थाली ये पुजावैगो,
थालीये पुजायरबाईनैं सासरिये खिणादगो।

## गीत नं. 8 (झूरणा...)

### वीरा (भाई) से मिलन की आस

तूं क्यूं कानी राम वीरा निर्न्दड़ल्यां मैं सूत्यो राज।
तेरी तो मां की जाई सासरिये मैं झूरे राज।
झूरै तो मत झूरणद्यो इब नहीं झूरण देस्यां राज।
आघीसी रात पहर को तड़को घोड़लिया पिलाण्यां राज।
जाय. डकाया बाई रोवां कै दरवाजै राज।
सूथीली लाल पिलंग पर ऊपर स्यालू ताण्या राज।
उठी थी वीर मिलन न टूट्यो नौसर हारो राज।
आवो सोन चिड़ी मेरी भायली चुगद्यो नौसर हारो राज।
हारो तो म्हे फरे पुचास्यां वीरां सैं कद मिलनो राज।।

## गीत नं. 9 (झोटा दे...)

हां ओ म्हारा सायबा इण सरबरियांरी पाल आन्या दोय,
आव्या दोय आंवला जी म्हारा राज।
हां ओ म्हारा सायबा इण आमलडांरी डाल हिंडोलो,
हिंडोलो राजन घांलसयांजी म्हारा राज।
हां ओ म्हारा सायबा हिंडैगी घर की जी नार झोटा दे,
झोटा दे झोटा दे धणरो सायबो म्हारा राज।
हां ओ म्हारा सायवा हलवांसी झोटो जी द्योये कमर मैं,
कमर मैं लचको लागै जी म्हारा राज।
हां ये म्हारी गोरी लगै छै तो लगनै जी द्यो ये लाडूड़ा,
लाडूड़ा साठवां सूंठ का जी म्हारा राज।
हां वो म्हारा सायबा हलबांसी झोटो जी द्यो ये फाटै दे,
फाटै छै म्हारी चूनड़ी जी म्हारा राज।
हां ये म्हारी गोरी फाटै छै तो फाटण जो द्यो ये रंगादूयूं,
रंगादूयूं ठेठ अजमेर की जो म्हारा राज।
हां जी म्हारा मारुजी रात गई आधी बीत मोड़ा क्यूं,
मोड़ा क्यूं आइया जी म्हारा राज।
हां ये म्हारो गोरी गया था माइलां रै मांय हुक्कै तो,
हुक्कै तो बिलमाइयां जी म्हारा राज
हां जी म्हारा राज सायबा जाजम देऊं रै उठाय साथ्या
साथ्यानै राजन सोखद्यो जी म्हारा राज।
हां जी म्हारा मारुजी हुक्को चकनाचूर चिलम का
चिलम का टुकड़ा दो करूंजी म्हारा राज।
हां ओ म्हारा मारुजी मुखड़ै मैं आवे भूंडी बास तमाखू।
तमाखू राजन छोड़ द्यो जी म्हारा राज।
हां ओ म्हारा राजन मुखडै पर पज्लो जी राख अपूठा
अपूठा राजन सोय खो म्हारा राज।
हां ये म्हारी गोरी ये इसड़ा बोल न बोल परणी जू।
परणीजू था पर दूसरो ए म्हारी नार।

हां ओ म्हारा सायबा दिन मैं परणी दोय चार डराई
डराई थारी ना डरूं जी म्हारा राज
हां जी म्हारा सायबा फिर आया देश परदेश डंको तो
डंको तो बाजै छै म्हारै बापकोजी म्हारा राज।
हां जी म्हारा मारुजी फिर आया देश परदेश मिली ना,
मिली ना थानै डूमड़जी म्हारा राज।
हां ये म्हारी गोरी ये एक वर मुखड़े जी बोल चाकर तो,
चाकर तो थारैं बापको जी म्हारी नार।
हां जी म्हारा मारुजी चाकर कयो ये न जांय जंवाई,
जंवाई म्हारैं बाप का जी म्हारा राज।
हां ये म्हारी चांदो ये एक बार मुखड़े जी बोल चाकर तो,
चाकर तो थारै जीवका जी म्हारी नार।
हां जी म्हारा मारुजी चाकर कयो ये न जाय ठाकर तो,
ठाकर तो म्हारी सेबका जी म्हारा राज।
हां जी म्हारा मारुजी जाजम देऊं तो बिछाय साथ्यां नै,
साथ्यां नै राजन बैठना जी म्हारा राज।
हां जी म्हारा मारुजी हुको देऊं तो मंगाय चिलम तो,
चिलम तो रतन जड़ाबकी जी म्हारा राज।
हां जी म्हारा मारुजी बल गयो दमड़ीरो तेल अबोल्या,
अबोल्या राजन रह मयाजी म्हारा राज।
हां जी म्हारा सायबा दिल की तो घूंडी जी खोल मानो ना,
मानो ना हाजर गोरड़ीजी म्हारा राज।

# होली

राजस्थानी औरतें होलिका को माता मानती हैं। होली की भस्म को पवित्र माना जाता है। कुवांरी व विवाहिता दोनों स्त्रियां सोलह दिनों तक गंगौर (गौरी, पार्वती) की पूजा करती हैं। बरसात में मनाया जाने वाला पर्व तीज भी पार्वती से सम्बन्धित है। गंगौर के अनेकों गीत प्रचलित हैं। दिल्ली, उ.प्र., हरियाणा आदि में दुल्हैंडी (होली से अगला रंग खेलने वाले दिन) से पहले होली के दिन शाम को लकड़ियों, उपले (गोवर से बने कंडे), चांद-तारे (लड़कियां गोबर से गोल डिजानदार थाल व गोल छल्ले) बनाकर होली-दहन करते हैं, जिसमे नई फसल के गेहूं, चना आदि भी भूनकर खाते है, जिसे होली-बंगा....कहते हैं। यह कार्य मौहल्ले या शहर के स्तर पर सामूहिक रूप से किया जाता है। पश्चिमी उ.प्र. में दुल्हैडी वाले दिन भी लड़कों की टोली बड़े-बड़े ड्रामों में रंग भरकर सारे मुहल्ले में रंग खेलने जाती है।

## गीत नं. 1 (होली)

**होली खेलने के लिए चांद की चांदनी में सारी सारी रात जागी, ननद भावज के साथ भी खेली, खेलते-खेलते हार तक टूट गया तो रूठ कर मायके तक जाने लगी, तो पति, देवर ने मनाया।**

चांदा जी ते चाणनै खेलन जागी जै रात
ओजो म्हारा भंवर होली आई।
नणद भौजाइ खेलन निसरी, खेली छै सारीजी रात,
ओजी म्हार भंवर होली आई।
खेल माल घर बाबड़ी, पोलीड़ा पोल उधाड़,
ओजी म्हारा भंवर होली आई।
..किया जी फलसा न खुले जित आई तित जाय,
हांये गोरी ये तो जाओ ये थारै बापकै।।
उपड़ारै होय ड़ाकिया टूठ्यो छै नोसर हार,
ओजी म्हारा भंवर होली आई।
सोनचीड़ी मेरी मायली चुगियो छै नोसर हार
आयो म्हहारा भंवर होली आई।

पटवै की बेटी मेरो भायली पोद्योना ़नोसर हार
ओजी म्हारा भंवर होली आई
हीरा जी मुंगा सै पोया लाल रही लख च्यार
ओजी म्हारा भंवर होली आई
टग-टग महलां चढ़ गई राजन मुखड़ो खोल
ओजी म्हारा भंवर होली आई।
सूत्योड़ा जी मानसा न जगै, जित आई तित जाय,
थे तो जाओ ये सुन्दर थारै बाप के।।
सोड़ भराई म्हारा बापजी, पिंगल दियो बड़वीर,
ओजी म्हारै क्यूंकर जावां ढोला बापकै।
सोड़ बगाई चानण चो मैं, पिंगल दियो सरकाय,
ओ ये ये तो जाओ ऐ गोरी थारै बापकै।
सोड़ज लीनी काख मैं, पिंगल लियो लगकाय,
ओजी म्हे तो चाल्याजो भंवर म्हारै बापकै।
टग-टग महलां उतरी, आडाजी सासूजी होय रया,
रूसड़ भवड़ कित जाय,
थे तो रंजकर जाओ बढ़ बाप कै
आड़ो देवरियो फिर रयो, रूसड़ भावज कित जाय
थे तो रंजकर जाओ ये मामी बापकै
आड़ा मारूजी होय रया, रूसड़ी नै जान न द्यां
ओ ये ये तो रंजकर जाओ ना गोरी बाप कै।

## गीत नं. 2 (होली)

गढ़सै होली जी उतरी, मारूजी हाथ कंगन माथै मोर जी
होली आई राजाजी रै देश में।
म्हारो होल्यांरो बड़ोलै तीवार, जीहोली पहलीराजिन मत चढ़ो,
चढ़ो ये तो राधाजी खिचड़ीमारुजीरवो ये तो जिन्दावारा भात,
होली आई सायेब रंग करो जी।
जेम चढ़ेगा ये गोरी खीचड़ीगोरी आये जीमगा जिन्दवारा भाव

होली आई गढ़ रै कागरै।
चढ़ा तो ओढ़ांजी चूनड़, मारूजीरवो ये तो दिखणीरो चीर,
होली पहली राजिन मत चढ़ो
निरख चढ़ंगा ये गोरी चूनड़ीगोरी आये निरखांगा दिखणीरो चीर,
होली आई राजाजी रै देश मैं।
छठीए तो ढालांजी ढोलियो, मारूजी खो ये तो फूलडांरी सेज
होली आई सायेब सेलाखणी।
पीढ चढ़ाया गोरी ढोलियोगोरी आये पोढ़ांगाफलडांरी सेज
होली आई सायेब रंग करो जी।
सिमजण लागी जी कोथली, मारूजी गिनजण लाग्या छै दाम
जी होली आई सायेब रंग करो जी।
तणजन लाग्या जी ताणीया, मारूजी बटजण लागी छै-डोर,
होली पहली राजिन मत चडो
चढोए चढावो जी मारूजी च्यूं तरसाओ नाजुक जीवु
होली आई सरब सुलाखणी।
जग मेल्योजी पागड़े, मारूजी डब डब भरिया दो नैण,
होली आई राजाजी रै देश में
आंसू तो पूछया पेच सै मारूजी लीनी लै हिबड़े लगाय,
जी होली आई सायेब रंग करो,
लसिकरिया भंवर खेलो थे तो म्हासै....
होली आई राजाजी रै देश में

## गीत नं. 3 (होली)

यो कुण होल्या जायेसी सन्देसो लीजो जी।
(श्री राम) होल्यां जायेसी सन्देशी लीजो जी।
असीए कल्यां को धाधरो माध धर लीयो जी।
जै थानै मार्या होये तो थारी राणी नै दिज्यो जी
राणी नै मार्या तो थार कवडा नै दिज्यो जी।
यो कुण होल्या जायेसी सन्देसो लिजो जी।

## गीत नं. 4 (होली)

होली की झल हेट क जीरों बायो जी।
सांवलिया सिरदार क होली धोक जी।
लीली का असवार क होली धोक जी।
बाईओ (सारदा) थारा बीर क होली धोक जी
पातलिया उमराव क होली धोक जी
भहु ये (कमला) थारो स्याम क होली धोक जी।

## गीत नं. 1

**राजस्थान में पानी का अकाल जैसा है। बहुत दूर-दूर से पीने का पानी भरकर लाना पड़ता है। वैसे आज कल जहां भी खेतों में जमीन का पानी निकल आता है वहीं गांव-सा बस जाता है। यहां तालाब में थोड़ा-थोड़ा पानी देख कर ही प्रसन्न हैं।**

छोटी सी तलाई में झीणो झीणो पाणी।
झीणो झीणो पाणी, वो छम-छम बाजे है वो छम-छम बाजे है
बनी रो सवाग म्हाने भोत प्यारो लागे,
दूयो म्हारी दादूयां अमर सवारा
छोटी सी तलाई में झीणो-झीणो पाणी
वो छम-छम बाजे है वो छम-छम बाजे है बनी रो सवाग
म्हाने भोत प्यारी लागे दूयो म्हारी मायड़ अमर सवाग
नोट : इसी प्रकार अपने परिवार की औरतों के नाम लेवे।

## गीत नं. 2

**धतूरे का बोना और पुत्र-जन्म का एक लम्बा और रोमांचक गीत है–**

राजा राई करण क बाग धतुरो रंग भरयोजी।
ब न बायों वालु रेत धतुरो.,
ब न सींचो काच दूध धतुरो.,
बो तो उग्यो पान दू पान धतुरो.,
बो तो छायो झुपा छान धतुरो.,
वो तो फुल्यो धोला फूल धतुरो.,
वो तो भट काचर क माम धतुरो.,
वो तो कूण रूखाल बाग धतुरो.,
म्हारा देवर रूखाल बाग धतुरो.,
म्हारी ननदल ल्याई तोड़ धतुरो.,
ब न रतन कचोल घोर्ल धतुरो.,
ब न झीन स कपड़ छान धतुरो.,
बो तो ल्याय बहु (सीतान) देय धतुरो.,

गटकावत रह गयो पेट धतुरो.,
अब लाग्यो पइला मास धतुरो.,
मेरो आल दोल जीव जाय धतुरो.,
धणनै दूजो मास, अब लाग्यो अगनो मास धतुरो.,
मेरो खीर-खांड जीव जाय धतुरो.,
जब लाग्यो चोथो मास, धणनै लाग्यो पंचवो मास धतुरो,
मेरो ताती जलेबी जीव जाय धतुरो.,
अब लाग्यो छठो मास, धणनै लाग्या अठवों मास धतुरो.,
धणरो साद् पील जीव जाय धतुरो.,
धणरो साद् पील जीव जाय धतुरो.,
धणरो गूंद पजीरी मन जाय धतुरो.,
अब लाग्या पुरा मास धतुरो.,
अब आई पैली पीड़ धतुरो.,
मैं तो खूंटी पकड़ भुलाय धतुरो.,
अब आई दूजी पीड़ धतुरो.,
मैं तो खूंटी पकड़ भुलाय धतुरो.,
जब आई दूजी पीड़ धतुरो.,
मैं तो पीलंगा बैठ भुलाय धतुरो.,
मेरी सासुजी न उर ए भुलाय धतुरो.,
थारो घर बार ल्योर सम्हाल धतुरो.,
मेरी जीठानी न उर ए बुलाय धतुरो.,
म्हारा टावर ल्योर सम्हाल धतुरो.,
म्हार देवर न उर ए बुलाय धतुरो.,
बाक लाताध दोय चार
म्हारी बाई जी न उर ए बुलाय धतुरो
बाकी चूनड़ ल्यूर उतार धतुरो.,
म्हारी दोराबीन उर ए बुलाय धतुरो.,
थारा चाकी चूला सम्हाल धतुरो.,
म्हार मारुजीन उर ए बूलाते धतुरो.,
घर भीतर सौ काड़ो सेज धतुरो
घर भीतर काड़ो राय धतुरो.,

म्हे तो नई ए करंगा भंवर जी स हेत धतुरो.,
म्हे तो ओरूं करां तो राम दुहाई धतुरो.,
कुल स्थारणीये की माय धतुरो.,
मेरो कोई ये न चाल जोर धतुरो.,
अब तारा दिनड़ी राए धतुरो.,
कुल त्यारण लियोछ ओतार धतुरो.,
अब खाई सठवां सूंठ धतुरो.,
अब खाइ है अजवायन धतुरो.,
अब बैठी टीको काढ़ धतुरो.,
अब बैठी मैदी मांड धतुरो.,
अब बैठी पीलो ओढ़ धतुरो.,
अब बैठी चूड़ो पैर धतुरो.,
म्हारी सासुजी न उर ए बुलाय धतुरो.,
म्हान घर बार द्योर सम्हलाय धतुरो.,
म्हारी जीठानीन उर ए बुलाय धतुरो.,
म्हारा टावर द्योर सम्हलाय धतुरो.,
म्हार देवर न उर बुलाय धतुरो.,
वा नै देवंगा पिचरंग पाग धतुरो.,
म्हारी बाई जी न उर बुलाय धतुरो.,
बा नै देवंगा चूनड़ को भेस धतुरो.,
म्हारी दोराणीन उर एवुलाय धतरो.,
म्हानचाकी चूलाद्योरसम्हलाय धतुरो.,
म्हारलसकरिय न उरए बुलाय धतुरो.,
घर भीतर ल्यायो सेज धतुरो.,
जो खुल सई राम दुहाई धतुरो.,
म्हेतो इबकरंगा भंवरजी सहित धतुरो.,
हर जनम्यो लाड़न पूत धतुरो.,
बाबा जीरो वंश बधाय धतूरो.,
धतूर का जनमगा पूत धतूरो.,
धतूर का य ई उपकार धतूरो रंग भरयोजी ॥

## 10

# कुछ छुट-पुट

**राजस्थान में अनेकों जगहों पर नीति, धर्म, शृंगार, दैनिन्दन कार्य आदि से समन्बिधत उनकों उक्तियां भी प्रचलित है। कहावतों के रूप में प्रचलित कुछ उक्तियां–**

शीश बोरलो...नासा मे नथड़ी...सौगड़ सोनो सेर कठै,
कठै पौमचो मरवण री...बोहतर कलियां घेर कठै...!!

कठै पदमणी पूंगल री...ढोलो जैसलमैर कठै,
कठै चून्दड़ी जयपुर री...साफौ सांगानेर कठै...!!

गिणता गिणता रेखा घिसगी.. पीव मिलन की रीस कठै,
ओठिड़ा सू ठगियौड़ी...बी पणिहारी की टीस कठै...!!

विरहण रातां तारा गिणती...सावण आवण कौल कठै,
सपने में भी साजन दीसे...सास बहू का बोल कठै...!!

छैल भवंरजी...ढौला मारू...कुरजा मूमल गीत कठै,
रूड़ा राजस्थान बता...वा थारी रूड़ी रीत कठै...!!

हरी चून्दड़ी तारा जड़िया...मरुधर धर की छटा कठै,
धौरां धरती रूप सौवणौ...काली कलायण घटा कठै...!!

राखी पूनम रेशम धागे...भाई बहन को हेत कठै,
मौठ बाजरा सू लदियौड़ा...आसौजा का खेत कठै...!!

आधी रात तक होती हथाई...माघ पौष का शीत कठै,
सुख दुःख में सब साथ रैवता...बा मिनखा की प्रीत कठै...!!

जन्मया पैला होती सगाई...बा वचना की परतीत कठै,
गांव गौरवे गाया बैठी...दूध दही नौनीत कठै...!!

दादा को करजों पोतो झैले...बा मिनखा की नीत कठै,
रूड़ा राजस्थान बता...वा थारी रूड़ी रीत कठै...!!

काल पड़िया कौठार खोलता...बे दानी साहूकार कठै,
सड़का ऊपर लाडू गुड़ता...गैण्डा की बै हुणकार कठै...!!

पतियां सागै सुरग जावती...बै सतवन्ती नार कठै,
लखी बणजारो...टांडौ ढालै...बालद को वैपार कठै...!!

धरा धरम पर आंच आवतां...मर मिटण री हौड़ कठै,
फैरा सू अधबिच उठिया...बे पाबू राठौड़ कठै...!!

गलियां में गिरधर ने गावै...बीं मीरा का गीत कठै,
रूड़ा राजस्थान बता...वा थारी रूड़ी रीत कठै...!!

बितौड़ा वैभव याद दिरावै...रणथम्बौर चितौड़ जठै,
राणा कुम्भा रौ विजय स्तम्भ..बलि राणा को मौड़ जठै...!!

हल्दीघाटी में घूमर घालै..चैतक चढ्यौ राण जठै,
छत्र छंवर छन्गीर झपटियौ..बौ झालौ मकवाण कठै...!!

राणा पदमणी के सागै ही...कर सोला सिणगार जठै,
सजधज सतीया सुरग जावती...मन्त्रा मरण त्यौहार कठै...!!

जयमल पत्ता...गौरा बादल...रै खड़का री तान कठै,
बिन माथा धड़ लड़ता रैती...बा रजपूती शान कठै...!!

तैज केसरिया पिया कसमा...साका सुरगा प्रीत कठै,
रूड़ा राजस्थान बता...वा थारी रूड़ी रीत कठै...!!

निरमोही चित्तौड़ बतावै...तीनों सागा साज कठै,
बौहतर बन्द किवांड़ बतावै...ढाई साका आज कठै...!!

चित्तौड़ दुर्ग को पेलौ पैहरी...रावत बागौ बता कठै,
राजकंवर को बानौ पैरया...पन्नाधाय को गीगो कठै...!!

बरछी भाला ढाल कटारी...तोप तमाशा छैल कठै,
ऊंटा लै गढ़ में बड़ता...चणडा शक्ता का खैल कठै...!!

जैता गौपा सुजा चूण्डा...? चन्द्रसेन सा वीर कठै,
हड़बू पाबू रामदेव सा...कलजुग में बै पीर कठै...!!

मेवाड़ में चारभुजा सांवरो सेठ...श्रीनाथ सो वैभव कठे,
कठै गयौ बौ दुरगौ बाबौ...श्याम धरम सू प्रीत कठै...!!

हाथी रौ छाती झालै...बै शक्तावत आज कठै,
दौ दौ मौतों मरबा वालौ...बल्लू चम्पावत आज कठै...!!

खिलजी ने सबक सिखावण वालौ...सोनगिरौ विरमदैव कठै,
हाथी का झटका करवा वालौ...कल्लो राई मलौत कठै...!!

अमर कठै...हमीर कठै...पृथ्वीराज चौहान कठै,
समदर खाण्डौ धोवण वालौ...बौ मर्दानौ मान कठै...!!

मौड़ बन्धियोड़ौ सुरजन जूंझै...जग जुंझण जूंझार कठै,

ऊदिया राणा सू हौड़ करणियौ...? बौ टौडर दातार कठै...।।

जयपुर शहर बसावण वाला...जयसिंह जी सी रणनीत कठै,
अकबर ने ललकारण वाला...अमर सीग राठौड कठे,

रूड़ा राजस्थान बता...वा थारी रूड़ी रीत कठै...!!
रूड़ा राजस्थान बता...वा थारी रूड़ी रीत कठै...!!

## गणगौर का गीत

बायां करती आसरो कब आवगो चैत।
म्हे पूजांगा गोरड़ी गावांगा दिन रैन।।
गणगौरा का गीत थे गावो मन चितलाय।
अैंकारण 'वसुदेव' नै लिख्या गीत समझाय।।

## दूबा माला

दूबा माला गोवला कुण काडगो
इसरदास का परताप गोरल काड़गी।
दूबा माला गौबाला कुण काड़गौ,
कानीराम का परताम लाडेल काडगो

# 11

# कहावतें

***..डै तो कुंभाधानी***
***बरसै तो मजूरी इहानी***

मेवाड़ के राणा कुंभा की प्रजा कहती है कि अकाल पड़ने पर कुंभा मालिक है (सहायता देने के लिए) और अगर बारिश अच्छी होती है तो रोजगार की कमी न रहेगी।

## मौसम

***सियाले खातू भालो, उनाले अजमेर,***
***नगीनो नित ही भालो, सावन बीकानेर।***

जाड़े का आनंद खातू में और गरमी का आनंद अजमेर में लिया जा सकता है। नागौर में तो साल भर मौसम खुशगवार होता है जबकि बीकानेर में बरसात ज्यादा सुंदर लगती है।

## मर्द और औरत

***मारवाड़ नर नीपाजे, नारी जैसलमेर***
***तुरी तो सिंधन संत्रा, काशल बीकानेर।***

सबसे खूबसूरत लोग मारवाड़ में पैदा होते हैं और सबसे खूबसूरत औरतें जैसलमेर की होती हैं। सिंध के घोड़े और बीकानेर के ऊंट सबसे अच्छे होते हैं।

## स्थान

*जे नईं देखो जयपरियो*
*तो कुळ में आकर कै करियो?*

यदि जयपुर नहीं देखा तो आदमी के रूप में जन्म लेने का क्या फायदा?

*सामर परयो सो लून*

सांभर के खारे झील में जो कुछ भी गिरता है, नमक ही बन जाता है।

## जातियां

*बामण हाथी चढ़यो वी मांगे।*

ब्राह्मण अगर हाथी पर भी सवार हो तो भीख मांगने से बाज नहीं आएगा।

*आम नीबू बनियो*
*कंठ भींचया जानीयो।*

आम, नींबू और बनिया—जब इनके कंठ पकड़कर जोर से दबाया जाता है, ये तभी मानते हैं।

## व्यावहारिक बुद्धि

*जाट कहे सुन जाटनी, एन हौं ये रहनू*
*ऊंट बिलाई ले गई, हांजी हांजी कहमा।*

जाट अपनी पत्नी से कहता है कि चूंकि उन्हें इस गांव में रहना है, इसलिए लोगों की यह बात भी मान लेनी चाहिए कि बिल्ली ऊंट को उठा ले गई।

## टोटके

*थावार कीजे थरपना, बुध कीजे व्योपार।*

नया काम शनिवार को शुरू करें और व्यापार केवल बुधवार को करें।

## दान

***गौ को दान, गंगा को असनान।***

ग्रहण के दौरान दान देना गंगा-स्नान के बराबर है।

## भाग्य

***रूप की रोवैं***
***करम की खाय।***

सुंदर लड़की रोती है और बदसूरत लड़की भाग्य पर इठलाती है।

## वर्षा

***बिजनस पावन सुरियो बाजे***
***घासी पालक माही मेह गाजे।***

अगर उत्तर-पश्चिम से हवा बहती है तो समझना चाहिए कि बारिश होने ही वाली है।

***अम्मर रच्यो, मोह मच्यो।***

गुलावी आकाश हो तो बारिश जरूर होगी।

***अगस्त उग्यो, मेह पूग्यो।***

अगस्त के तारे उगते ही बरसात का महीना समाप्त हो जाता है।

# 12

# गाली-गीत

## गाली ब्याई जी को गाली नं. 1

**भोपुरी, खड़ी बोली सहित कई बोलियों में गाली देने की भी प्रथा है, जिसमें, 'मंगलगारी' प्रमुख है, उपालम्भ है और हास परिहास भी है।**

...वाला मन मस्ताना, तेल मेट सो माथो न्हायो, ऊपर जड़ियो बोर गुंथायो,
पाटी पर पान चिमकायो रे शोकीन कहायो रे,
हां हां नार शोकीन कहावे ऐसी बात सुनने में आवे ॥टेर॥
कीनी पाती सुरमो कालो, गालां ऊपर उगियो तारो,
मुखड़ा पर चंदा उजियारो रे। शोकीन कहावे...
मन मस्तानी असल दिवानी, तिरछी झांके मरदां कानी,
शरम न मन में ल्यावे रे। शोकीन कहावे...

## गाली ब्याई जी को गाली नं. 2

...ब्याई जै गोपाल, ...जी ब्याई जै गोपाल,
पकडूं चोटी, खेचू कान, फिर मत करजो जै गोपाल।
ओ जो गोपाल क्या को म्हाके...आया जी को।
(माहेरा या सगाई करबा आया, पहरावणी पर आयां आदि)
ब्याईजी तो म्हांके आया लारे बड़ग्या चोर म्हांका ब्याईजी ओ राज
हाथ को तो हुक्को ले गया, पांवो की पगरखी लेग्या, जांता लेग्या जोय।
म्हांका ब्याई जी ओ राज...
काली की तो गोरी लास्यां, और लास्यां जोय। म्हारा ब्याई जी
लम्बी की तो ठिगणी लास्यां, और लास्यां जोय। म्हारा ब्याई जीओ
मोटी की तो पतली लास्यां, और लास्यां जोय। म्हारा ब्याईजी ओ राज
लेग्या तो ले जावण दीजयो, हियो मती हारो। म्हारा ब्याईजी ओ राज

## गाली ब्याई जी को गाली नं. 3

बिणज नहीं बोपार नहीं ब्याई क्यांने आया जी।
ब्यांके लूंठ्यां मुणस कर्‌यो बरी बसावा आया जी।
मारो रे छिन्दाल काने, मारो रे उन्दयालकाने, म्हारो डेढ़ा दूसी का ने।
शहर किसां में आया जी। शहर बड़ो अजमेर को, बरीबसा बाआबा

□□□